Hardy Oelke

Das Quarter Horse

Kierdorf Verlag

Fotos von Foundation Horses sind in der Regel Archiv-Fotos

Alle anderen Fotos, soweit nicht anders vermerkt, vom Verfasser

Grafische Gestaltung einschl. Schutzumschlag Hardy Oelke

Titelbild: Peppy San Badger („Little Peppy") unter Buster Welch

Foto King Ranch

ISBN 3-89118-030-6
Alle Rechte vorbehalten
© Verlag Ute Kierdorf, Gut Dohrgaul
5272 Wipperfürth
2. Auflage 1991
Gesamtherstellung: Verlag Ute Kierdorf

Inhaltsverzeichnis

Geleitwort

Jede Pferderasse besitzt bestimmte Eigenschaften, auf Grund derer sie geschätzt wird. Von den Ponies bis zu den Kaltblutrassen, und bei allen, die dazwischen liegen, bietet eine jede Rasse ihre besonderen und erkennbaren Eigenschaften. Das kann Schnelligkeit sein, Größe oder eine angenehme, angeborene Gangart. Es kann auch etwas weniger Greifbares sein, wie ausgeprägtes Temperament und Feuer oder außergewöhnliche Attraktivität und Schönheit. Für den wahren Horseman ist jedoch jede Pferderasse etwas Besonderes.

In DAS QUARTER HORSE stellt Hardy Oelke eine der beliebtesten Pferderassen der Welt vor. In nur drei Jahrhunderten hat das American Quarter Horse eine Entwicklung genommen, wie sie von keiner anderen Rasse erreicht wurde. Kaum ein Pferdekenner wird die Tugenden dieser Rasse in Frage stellen wollen als eine der vielseitigsten, wenn nicht der vielseitigsten aller Pferderassen.

Ursprünglich im 17. Jahrhundert als ein Kurzstrecken-Sprinter gezüchtet, kann das Quarter Horse heutzutage in nahezu allen Bereichen des Pferdesports gefunden werden, wie auch auf der Rennbahn und auf den riesigen Cattle Ranches Amerikas, wo es wegen seiner unübertroffenen Fähigkeiten bei der Rinderarbeit geschätzt wird. Es ist noch immer das schnellste Pferd über die Quarter Mile-Distanz, aber seine Fähigkeiten und Talente unterm Sattel haben der Rasse Anerkennung als „der Welt vielseitigstes Pferd" gebracht.

Wenn das Quarter Horse auch ein exzellenter Athlet in allem, von Rodeo-Disziplinen bis zur Hohen Schule, sein kann, so bleibt es nach wie vor eine der populärsten und geeignetsten Rassen für das Freizeit- und Wanderreiten. Mit über 2,5 Millionen Quarter Horses in der ganzen Welt ist seine Vielseitigkeit und Beliebtheit ohne Parallele.

Die Herkunft und Geschichte, die Entwicklung und heutige Verwendung des Quarter Horses von frühesten Anfängen bis heute in einem einzigen Band zu schildern ist eine gewaltige Aufgabe. Für seine Arbeit und für sein einzigartiges Studium dieser Rasse und ihrer Entwicklung auf internationaler Ebene muß Hardy Oelke Anerknnung gezollt werden. Ebenso verdient das Quarter Horse Anerkennung, denn es hat buchstäblich Millionen von Menschen in aller Welt Befriedigung und Erfüllung geschenkt und wird dies auch weiterhin tun.

Dieses Buch DAS QUARTER HORSE feiert die Rasse Quarter Horse. Es bietet interessanten Lesestoff, der von allen Horsemen geschätzt und gern gelesen werden wird.

Amarillo, im September 1986

American Quarter Horse Association

Pete Hale

Assistant Direktor, Public Relations

Geleitwort

Vor über 15 Jahren kamen die ersten Quarter Horses vom amerikanischen Kontinent nach Europa, die Zahl der in Deutschland stehenden hat sich seit dem enorm erhöht.

Auch der Westernreitsport hat einen schwunghaften Aufstieg erfahren. So ist es keine Seltenheit mehr, wenn zu Turnieren 150 bis 180 Pferde anreisen, um sich im sportlichen Wettkampf zu messen. Vor allen Dingen ist dieser Erfolg den Männern der ersten Stunde zu verdanken, die bereits vor vielen Jahren Westernpferde importiert haben, und die mit großem Einsatz versuchten, die Westernpferde und das Westernreiten in Europa zu verbreiten.

Der Autor dieses Buches ist einer dieser Pioniere. Auch jetzt hat er wieder die Initiative ergriffen, ein Buch über Quarter Horses in deutscher Sprache zu schreiben. Dieses Buch schließt im deutschsprachigen Raum eine wichtige Informationslücke und wird seinen Beitrag zur weiteren Förderung der Rasse leisten, der wir uns verschrieben haben und die wir für die großartigste der Welt halten. Ich möchte mich bei Hardy recht herzlich für seine mit diesem Buch geleistete Arbeit für die Quarter Horses bedanken und wünsche Ihnen so viel Spaß beim Lesen, wie ich hatte.

Großwallstadt, im September 1986

Johannes Orgeldinger
1. Vorsitzender
Deutsche Quarter Horse Association

Vorwort

Warum es so lange gedauert hat, bis endlich ein Verlag ein deutschsprachiges Buch über das Quarter Horse herausgebracht hat – ich weiß es nicht. Ich kann nur sagen, daß ich mit Begeisterung zugesagt hatte, als der Kierdorf Verlag wegen eines solchen Buches an mich herangetreten war. Es zu schreiben hat mir viel Freude gemacht. Mein Bestreben war, ein Buch zu schaffen, das jedem Quarter Horse-Züchter und Quarter Horse-Freund wertvoll ist und das natürlich dem neu an der Rasse Interessierten einen guten Einblick und Überblick geben soll. Es ist dabei unmöglich, alle hervorragenden Pferde, die es gegeben hat, zu erwähnen, und sicher hätte ein anderer eine etwas andere Auswahl getroffen.

Dieses Buch enthält auch ein gut Teil Kritik, und bestimmt wird der eine oder andere gegenteiliger Meinung sein. Ich glaube aber, daß diese Kritik notwendig ist, und sicher wäre der Sache kein guter Dienst erwiesen, hätte ich mich nur auf das Zusammentragen von Fakten und Ansichten aus bereits erschienenen (amerikanischen) Büchern beschränkt. Wir sind in Deutschland nicht gezwungen, jede amerikanische Mode mitzumachen. Und schließlich entsprechen wir mit dieser kritischen Betrachtungsweise guter Tradition – , schon Bob Denhardt veröffentlichte in seinem ersten Quarter Horse-Buch einen Artikel von Major Cullum mit dem Titel „I don't like him" – Ich mag ihn nicht – , in dem der Major kein gutes Haar am Quarter Horse läßt. Denhardt hatte diesen Artikel nicht veröffentlicht, weil er damit übereinstimmte, wohl aber, weil er in gewissen Punkten eine berechtigte Kritik erkannte, und weil er der Meinung war, daß diese Kritik für den Fortschritt der Rasse wichtig war.

Bedanken möchte ich mich bei allen, die mir bei diesem Buch geholfen haben, besonders bei Monika Stamm.

Diesem Buch wünsche ich, daß es dazu beiträgt, dem Quarter Horse neue Freunde in Deutschland und dem deutschsprachigen Ausland zu gewinnen.

Othmaringhausen, im September 1986

Hardy Oelke

I

Von dem Ast dieser Lebenseiche aus haben wir einen guten Überblick und können fast den gesamten Race Track einsehen, mit Ausnahme der Senke von Williams Draw. Drüben auf der Anhöhe kann man durch die Bäume den Start sehen. Jim Throckmorton kann jeden Augenblick mit seinem schwarzen Hut das Startzeichen geben.

Jetzt ist es schon fast halb zwei und immer noch werden Wetten abgeschlossen, und immer noch scheinen Wagen mit Schaulustigen dazu zu kommen. Männer, Frauen, Kinder, Indianer, Neger, eine Menschenmenge, wie es sie in McKinney noch nicht gegeben hat. Schon gestern sind die meisten angekommen, mit Kind und Kegel. Dabei ist das Foote House das einzige Gasthaus im Town und hat nur vier Zimmer! Über 30 Frauen sollen die Nacht darin verbracht haben! Die Männer schliefen fast alle draußen, unter den Andächern oder unter freiem Himmel.

Nur gut, daß Sheriff Lovejoy alles gut unter Kontrolle halten konnte, trotz der Betrunkenen. Whiteleys Saloon war zum Bersten voll, und sie hatten sieben Bartender, die hin und her liefen und Drinks zu den Männern hinausbrachten, die keinen Platz im Saloon fanden.

James, der Sheriff, hat selbst auch ganz schön gewettet. Ich hörte ihn zu Jordon Straughan sagen: „Well, Jordon, jeden Cent, den ich zusammenkratzen konnte, habe ich auf Old Monmouth gesetzt. Sieh' ihn dir an – glaubst du, der könnte nicht laufen?!"

Womit er natürlich recht hat. Alle hier glauben, daß dieser Steel Dust keine Chance hat. So wie der sieht doch kein Rennpferd aus. So wie der sieht normalerweise überhaupt kein Pferd aus, wenn Sie mich fragen. Nicht nur, daß er viel kleiner ist als Harrison Stiffs Monmouth und mindestens 12 Jahre alt – irgendwie sieht er beinahe deformiert aus. Yes, Sir, deformiert, würde ich sagen. Derartige Muskelberge habe ich noch bei keinem Pferd gesehen, besonders an den Forearms und Gaskins und an den Knien – eigentlich überall. Selbst am Kopf. Ich würde sogar sagen, besonders am Kopf. Dicke Muskelstränge auf der Stirn und die Kinnbackenmuskeln so dick, als habe eine Hornisse in jeden gestochen. Die Hinterhand wie die eines Zugpferdes, oder eher doch anders: nicht gespalten wie die eines Kaltblüters und eigentlich noch muskelbepackter. Dazu hat er im Verhältnis direkt winzige Hufe. Und wie er da herumsteht, als sei er kurz vor dem Einschlafen. Monmouth dagegen, der hat Temperament. Boy, da ist Feuer drin!

Jetzt sieht's aus, als ginge es jeden Moment los, Die armen Leute aus Lancaster und Dallas, die werden in ein paar Minuten am Bettelstab gehen, schätze ich. Alles haben sie auf diesen Steel Dust gesetzt, wie kann man nur! Einen alten Hengst wie diesen Steel Dust gegen ein Rennpferd wie Monmouth laufen zu lassen und dazu noch einen Treck von über 50 Meilen auf sich zu nehmen! Großzügig von Harrison, Steel Dust in seinem Stall unterzubringen. Natürlich wurden beide Pferde Tag und Nacht bewacht...

Jetzt hat Jim den Hut geschwenkt, und die beiden Reiter galoppieren den ersten Hang hinunter! Gosh, macht der Monmouth Riesensätze! Aber der kleine Hengst ist noch gleichauf. Das Gejohle und die Anfeuerungsrufe übertönen das Trommeln der Hufe. Nun sind sie in Williams Draw und einen Moment nicht zu sehen. Da kommen sie über den Hügel, Bob gibt Monmouth die Gerte. Der kleine Negerjockey liegt flach auf Steel Dusts Rücken und macht gar nichts.

Damned, das gibt's doch nicht – Steel Dust schlägt Monmouth glatt um drei Längen! Der kleine Negerjunge lenkt den Hengst in einer scharfen Kurve vom Race Track und setzt ihn mit hartem Stop in den Dreck. Monmouth läuft weiter, auf das Dickicht zu, streift Bob an den Ästen ab... stürmt weiter durch die Bäume...,

McKinney, Texas, war zur Zeit des Steel Dust/Monmouth-Rennens ein Dorf mit wenigen Dutzend Häusern. Dieses Foto wurde kurz nach dem Bürgerkrieg aufgenommen, nachdem das Town sich schon stark vergrößert hatte.

Am 6. September 1856 schlug Steel Dust, ein Hengst im Besitz von Middleton Perry und Jones Greene aus Lancaster, Texas, den Hengst Monmouth von Harrison Stiff, McKinney, Texas um 3 Längen.

Die Distance betrug eine halbe Meile, obwohl Steel Dusts eigentliche Distanz eine Viertelmeile war; Monmouths beste Distanz dagegen war eine volle Meile.

Steel Dust war knapp 15 Hands groß, etwa zwischen 1,50 und 1,52 m Stck. Monmouth war über 16 Hands (16 Hands = 1,625 m Stck.).

Die Stadt McKinney ging dadurch fast bankrott, da beinahe alle Einwohner beinahe alles, was sie hatten, auf den Lokalfavoriten Monmouth gesetzt hatten. Es war das bis dahin größte Rennereignis im Texas Frontier.

Steel Dust, der zuvor schon den Ruf hatte, ungeschlagen zu sein, wurde nach diesem Race zur Legende. Er setzte eine neue Richtung in der Pferdezucht des Südwestens und Westens in Bewegung, deren Produkte für Generationen nach ihm „Steel Dusts", „Steelys" oder „Dusters" genannt wurden und schließlich den offiziellen Rassenamen Quarter Horses bekamen.

Was war dieser Steel Dust für ein Pferd? War er ein Zufallsprodukt, das in Bezug auf Exterieur und Rennleistung eine Ausnahmeerscheinung darstellte? Wir werden finden, daß er im Gegenteil das Ergebnis jahrhundertelanger Zucht war, einer Zucht, die auf ein Ziel hin ausgerichtet war: Speed, und zwar Speed auf kurze Distanzen, von einer Achtelmeile bis zu einer Viertelmeile (220 bis 440 Yards).

In der langen Geschichte dieser Zucht, die zugegebenermaßen zu Beginn wenig planvoll betrieben wurde, haben nur wenige Hengste einen solch entscheidenden Einfluß gehabt, wie Steel Dust. Von denen, die vor ihm lebten, muß man wohl Printer besonders erwähnen und vor allem dessen vermutlichen Großvater, den importierten *Janus. Nach Steel Dust muß, will man sich für nur einen entscheiden, Peter McCue hervorgehoben werden. Im Gegensatz zu *Janus, Printer und Steel Dust setzte Peter McCue aber nicht durch seine Conformation, sein Exterieur neue Maßstäbe. Wie die Vorerwähnten war er ein überragendes Rennpferd, aber von seiner Conformation her war er eher atypisch. Seine Nachzucht war es, die ihn berühmt machte, und durch sie erlangte er die Bedeutung, die ihm zukommt.

Im kolonialen Virginia, Maryland und North Carolina waren Kurzstrecken-Pferderennen der populärste Sport und Zeitvertreib. Die englischen Einwanderer waren hierfür wohl verantwortlich. Sie hatten von der Insel eine große Passion für Pferderennen mitgebracht, und die ersten Short Races fanden, alten Dokumenten nach, vermutlich schon vor 1650 statt. Für diese Short Races waren keine großen Vorbereitungen erforderlich, denn es handelte sich meistens um Match Races zwischen zwei Pferden, und der Track, die Rennbahn, oder, wie man damals sagte, die Paths bestanden einfach aus zwei parallelen, einigermaßen geebneten Streifen auf einem Feld oder im Busch. Vielfach fanden sie auch auf der Hauptstraße der Ortschaften statt oder an einer Landstraßenkreuzung.

Das Pferdematerial jener Zeit bestand hauptsächlich aus Tieren, welche die Engländer mitgebracht hatten und solchen, die von den Indianern des Südostens, allen voran den Chickasaws, erworben, erbeutet oder gestohlen worden waren. Diese Chickasaw-Pferde waren wiederum spanischer Abstammung (davon später mehr) und die besten damals verfügbaren Pferde. Sie bildeten die Basis auf der, unter Verwendung von England importierten Rennpferdehengste, der neue Pferdetyp, das Quarter Running Horse, gezüchtet wurde.

Wir wollen hier noch nicht von einer neuen Rasse sprechen, obwohl zeitgenössische Beobachter sich nicht scheuten, dies zu tun. J. F. D. Smyth zum Beispiel, der die damaligen südlichen Kolonien bereiste, berichtete, daß diese Short Races „immer ein Match zwischen zwei Pferden waren und über eine Gerade von einer Viertelmeile gingen". Er berichtet weiter, daß er erstaunt sei, wie populär Quarter Racing dort ist und daß man eigens dazu eine Rasse gezüchtet hätte. Diese Pferde seien über diese Distanz so schnell, daß er bezweifele, irgend eine andere Rasse in England oder auf der Welt sei imstande, sie über diese Distanz zu schlagen.

Man muß sich vergegenwärtigen, daß es damals noch keine Rasse „Englisches Vollblut" gab, obwohl man in England im Begriff war, den Typ des englischen Rennpferdes zu schaffen, eine Entwicklung, die mit dem Import von Godolphin Barb 1728 einen gewaltigen Schritt voran kam. Daher waren die ersten „Blutpferde", die aus England in die Kolonien kamen, nur mit Vorbehalt so zu nennen.

Bereits 1611 importierte Sir Thomas Dale 17 Pferde aus England, 1620 importierte die Virginia Company 20 Tiere. Die Virginier waren so erfolgreich mit ihren Pferden, weil sie der Zucht ausreichend Zeit widmen konnten. Ihre Erzeugnisse waren begehrt in England und brachten gute Profite. Außer-

dem gehörten die meisten zur Anglican Church, die, wie die katholische Kirche, Pferderennen gegenüber tolerant war, ganz im Gegensatz zu den Protestanten, Puritanern, Quäkern und Baptisten. Man konnte deshalb seinem Hobby mit „gutem Gewissen" frönen. Sobald ein virginischer Pflanzer ein hübsches Konto in London hatte, beauftragte er seinen Agenten, ihm einen Hengst und ein oder zwei Stuten zu schicken. Seine Nachbarn machten es nicht anders, und diese Rivalitäten führten zu einem munteren und ehrgeizigen Importieren, das mit dem Import von *Janus seinen Höhepunkt erreichte, zumindest in bezug auf Quarter Racers. Einige der importierten Pferde waren *Bulle Rock (1730), *Monkey (1737), *Dabster (1742), *Morton's Traveler (1748), *Jolly Roger (1751), *Janus (1752) und *Silver Eye und *Childers (1756).

Bis zu dem Import von *Fearnought (1764) blieben die Short Races oder Quarter Mile Races in Virginia populär, spätestens nach der Amerikanischen Revolution (1775–83) hatten Long Races nach englischem Muster sich auch in Virginia durchgesetzt. Short Racing und die Zucht von Short Horses wanderten langsam süd- und westwärts.

Die Zucht dieser Sprinter oder Quarter Miler wurde nicht mit der heutigen Akribie und Planung betrieben. Pedigrees spielten eine untergeordnete Rolle, obwohl zumindest bei den Vatertieren deren Abstammung in der Regel weitgehend bekannt war. Wer eine schnelle Stute hatte (meistens ein Chickasaw-Pferd), brachte diese zum schnellsten verfügbaren Hengst, so simple war das. Dabei war Inzucht überhaupt kein Thema. Es gab unzählige Pferde, die mehrfach eng ingezogen auf Janus waren, und es spricht für dessen Gesundheit und Qualitäten, daß keine Degenerationserscheinungen aufgetreten zu sein scheinen. Es handelte sich auch überwiegend nicht um rein zu Rennzwecken gezüchtete und gehaltene Pferde, sondern um All-round Horses, die für alle anfallenden Arbeiten, auch im Geschirr, zu gebrauchen waren und sonntags oder wann immer sich eine Gelegenheit bot, ein Match laufen konnten. Dabei wurden sie sehr rauh gehalten, sahen kaum Pflege, sondern wurden nach Gebrauch auf die Weide entlassen und mußten für sich selbst sorgen. So bildete sich ein bestimmter Pferdeschlag heraus, der durch die durchschlagende Vererbungskraft eines *Janus erstmals einen entscheidenden Schritt in Richtung einer eigenständigen Rasse tat.

II

Die Popularität von Pferderennen liegt zu einem großen Teil im erregenden Endspurt zum Finish begründet. Selbst bei den Long-Horse-Anhängern, die meinen, ein Rennen sollte über eine Meile oder mehr gehen, springt man nicht eher auf und feuert seinen Favoriten an, bis die Pferde sich der Ziellinie nähern. Die frühen Kämpfe um die beste Position sind interessant für den erfahrenen Pferdemann, aber der Finish Stretch ist der Thriller. Beim Quarter Racing ist die Essenz des Rennens destilliert und komprimiert, um in rund 20 Sekunden ekstatischer Erregung zu explodieren.

Bob Denhardt

Das Besondere am Quarter Racing war, daß es sich fast immer um ein Rennen zwischen nur zwei Pferden handelte, das die Besitzer oder Halter der Pferde selbst arrangierten, indem sie auch bezüglich aller Modalitäten übereinkamen, als da sind Länge der Strecke, Ort der Austragung, zu tragendes Gewicht, Startmethode, eventueller Vorsprung für eins der Pferde, Einsätze und viele andere Details. Man war also frei, sein

Pferd zu starten wann und wo und unter welchen Umständen auch immer, wie man wollte und ohne irgendwelches Reglement einer dritten Partei beachten zu müssen.

Häufig wurden Rennen ganz spontan veranstaltet und oft einfach auf der Hauptstraße durchgeführt. Als diese Rennen auf den Main Streets immer mehr zunahmen, wuchs die Opposition der Bürger so mancher Stadt, und es gibt zahlreiche Beispiele für offiziell erlassene Verbote, auf Main Streets Rennen abzuhalten. Dann wich man auf Felder, behelfsmäßig präparierte Bahnen im Busch oder Gemeindeplätze aus. Wo regelmäßig Rennen stattfanden sprach sich bald herum, und solche Plätze bildeten dann einen Anziehungspunkt für die Bevölkerung der umliegenden Gegend, der regelmäßig aufgesucht wurde, sei es, um selbst ein Rennen zu veranstalten, eine Wette zu wagen oder nur zuzuschauen.

Zwei Pfade, parallel zueinander angelegt, zwischen hundert und sechshundert Yards lang, dazu etwas Raum, in dem die Pferde durchpariert werden konnten, das war alles, was für diese Rennen hergerichtet werden mußte. Für den Start benötigte man nicht viel Platz, da diese Pferde mit zwei Sätzen auf Höchstgeschwindigkeit waren. Gestartet wurde auf verschiedene Weise. Beim Ask-and-Answer Start fragte ein Jockey den anderen, ob er bereit sei; war die Antwort „yes", ging's los. Wurde ein Starting Judge gebraucht, gab dieser durch einen Pistolenschuß, einen Trompetenstoß oder anderswie das Startzeichen, jedenfalls deutlich genug, daß die Richter an den Zielpfosten es bemerken und sich bereithalten konnten, denn nach wenigen Sekunden war das Rennen ja vorbei. Wie ein Zeitgenosse, der die Kolonien bereiste, bissig bemerkte: „Wenn du zufällig gerade in die andere Richtung geschaut hast, hast du auch schon das ganze Rennen verpaßt."

Bei einem so kurzen Rennen kam dem Start naturgemäß eine entscheidende Bedeutung zu. Ein geschickter Jockey konnte, besonders wenn die Pferde ziemlich gleich gut waren, durch einen vorteilhaften Start ein Rennen entscheiden. Dazu bediente er sich aller erdenklichen Mittel, einschließlich seiner Füße, Knie und Ellbogen. So ein Start nahm deshalb weit mehr Zeit in Anspruch, als das Rennen selbst und war ein Nervenkitzel, der dem ganzen eine besondere Würze gab. Jeder der Jockeys versuchte mit allen Tricks, sich einen Vorteil zu ergattern; diese Bemühungen wurden „jockeying" genannt. Eine nicht sehr ehrenhafte Herkunft des Begriffes Jockey also, und auch heute noch bedeutet „to jockey" im Englischen u. a. soviel wie betrügen, verleiten. Die Pferde blieben von diesem Nervenkitzel natürlich nicht unberührt, und manche tänzelten nervös, stiegen, waren schwer zu halten. Jeder Jockey hielt sein Pferd zurück, bis er meinte, einen Vorteil zu haben, wodurch der Start zusätzlich verzögert wurde. Vielfach wurden die Pferde mit der Hinterhand zur Startlinie gestellt, um beim Kommando „go!" dann

herumzuwirbeln und wie ein Geschoß loszufliegen.

Manchmal wurde gestartet, indem sich beide in langsamem Schritt der Startlinie näherten, dann, wenn beide etwa gleichauf waren (lap-and-tap), wurde das Zeichen gegeben, und das Match hatte begonnen.

Es gab auch Rennen, bei denen beide Pferde von gegenüberliegenden Startlinien aus auf die in der Mitte liegende Ziellinie zu geritten wurden. Wer ein solches Race haben wollte, war vermutlich zu oft bei Starts übervorteilt worden. Auch solche, bei denen bis zu einem bestimmten Punkt gelaufen, dort gewendet und zurück zur Start-/Ziellinie gelaufen wurde, gab es.

Bei einem Rennen über, sagen wir, 400 Yards wurden oftmals nicht nur Wetten für die volle Distanz abgeschlossen, sondern zusätzlich noch, wer nach 200 oder 300 Yards vorne liegen würde, was natürlich zusätzliche Richter erforderte und nicht zur Beruhigung und Vereinfachung der Affäre und der Atmosphäre beitrug...

Die Richter mußten in jedem Fall couragierte Kerle sein, stark und unerschrocken, mit harten Fäusten, um sich in dem Tumult beim Start durchsetzen zu können. Und es dauerte nur wenige Sekunden, nachdem sie das Startzeichen gegeben hatten, bis die Partei, die das Rennen verloren hatte, kam, um sich über die ungerechte oder stümperhafte Art, in der sie ihren Job versehen hatten, zu beschweren.

Als Wetteinsatz kam alles in Frage, was einen Wert darstellte: außer Bargeld Produkte wie Tabak, Reis, Mais und Weizen, aber auch Wagen, Pferde, Ackergerät, Kühe, Sättel, Zaumzeug usw., ja, manchmal sogar Haus und Hof. Das Umfeld der „Rennbahn" glich einem Jahrmarkt, mit

Das Quarter-Rennen heute, auf einem kleinen Track in Texas. Es bringt vielen Menschen Wochen-end-Spaß und Entspannung.

Verkaufsständen, Barzelten, Wunderheilern, Wahrsagern, Bettlern und Wanderpredigern und allem, was so dazugehört.

Oft war die Strecke von einer dichten Menschenmenge gesäumt, die kunterbunt zusammengesetzt war. Holzfäller, Pflanzer und Aristokraten, Neger, Indianer, Jäger und Fallensteller drängten sich neben Farmern, Frauen und Mädchen, Händlern und Handwerkern. Es kam vor, daß versucht wurde zu manipulieren, indem Anhänger eines Pferdes das andere durch hastige Gebärden abzulenken versuchten oder gar etwas auf die Bahn warfen, um es zu erschrecken. Verlor das Pferd dann, gab dies natürlich Anlaß zu Protesten, und nicht selten endeten solche Streitfragen vor

Gericht. Tatsächlich wissen wir heute vieles über jene Zeit und ihre Menschen, über die Rennen und die damit einhergehenden Praktiken nur aus den Gerichtsakten.

Die unglaublichsten Sachen dachte man sich aus, um seinen Gegner zu übervorteilen, nicht nur beim Start. Diese Tricks wurden „Endeavors" genannt. Da sie einen wunderbaren Eindruck von der damaligen Zeit vermitteln, sollen hier zwei der gelungensten zum Abschluß nacherzählt werden:

Trickem (etwa: trickse sie aus) war ein *Janus-Sohn im Besitz von Wyllie Jones vom Quankey Creek in North Carolina. Er war ein Fuchs von 13 Hands und 3 3/4

Inches, knapp 1,42 m, und wog in Renn-kondition gut 8 Zentner. Seine besten Di-stanzen waren 200 und 300 Yards, doch ge-wann er auch über die volle Viertelmeile. Zuerst startete Jones Trickem unter seinem eigenen Namen, doch hatte er bald Schwie-rigkeiten, noch einen Gegner zu finden.

Irgendwann gelang es Schlitzohr Jones, ein Rennen zu arrangieren gegen ein weithin bekanntes Pferd aus Virginia namens Mud Colt, wobei er lediglich die Verpflichtung eingegangen war, ein Pferd nicht über 14 Hands zu starten. Sein Pferd würde 130 Pounds zu tragen haben, und Mud Colt 165 Pounds. Jeder hatte 500 Pounds Ster-ling eingesetzt, und das Race sollte am zweiten Donnerstag im May 1772 auf Tuk-ker's Paths stattfinden. Der Start sollte ein „Turn-and-Lock" sein, wobei beide Pferde mit der Hinterhand zur Startlinie aufge-stellt wurden, beim Startsignal kehrtmach-ten, und wenn sie dann so weit gleichauf waren, daß keins mehr als eine Länge Vor-sprung hatte, war der Start vollzogen.

Am Tag des Rennens erschien Jones mit einem gut aussehenden, eher kleinen Pferd. Mud Colt, wesentlich größer, war gleich der Favorit. Beim Messen von Jones' Pferd stellte sich aber heraus, daß es 3/4 Inch über 14 Hands war, woraufhin Jones anordnete, vom Huf etwas abzuschneiden, um es auf die erforderliche Größe zu bringen. Nach-dem so viel abgeschnitten worden war, wie möglich erschien, wurde es erneut gemes-sen, aber immer noch für zu groß befun-den. Jones schien nun die Fassung zu verlie-ren und ließ noch mehr abschneiden. Als Blut zu fließen begann, entstand eine Ver-zögerung. Wie ein Lauffeuer verbreitete sich die Nachricht, daß Jones' Pferd gehan-dikapt war. Alle setzten noch mehr auf

Mud Colt, der als der sichere Sieger erschei-nen mußte.

Schließlich, als die Wettlust abzuebben schien, fragte Jones – offensichtlich ver-zweifelt nach einem Strohhalm greifend – seinen Trainer, ob das Pferdchen, das der Pferdepfleger vor dem Gepäckwagen kut-schierte, nicht vielleicht einigermaßen schnell sei. Der Pferdepfleger hielt durch-aus große Stücke von dem Pferdchen und meinte, es könne jedenfalls schneller laufen als ein Pferd ohne Füße, auf die blutenden Hufe des anderen Pferdes anspielend.

Kurzentschlossen wurde das Pferd ausge-schirrt, der Richter maß es und befand es unter 14 Hands. Die Kunde machte die Runde, Jones würde sein Wagenpferd ren-nen lassen müssen, worauf sicher noch ein-mal einige Einsätze erhöht wurden. Weil beide Jockeys ihrer Sache gewiß waren, klappte der Start auf Anhieb.

Das „Wagenpferd" führte vom Start weg, um mit über 8 Metern Vorsprung, zum Entsetzen aller, die auf Mud Colt gesetzt hatten, zu gewinnen. Unter dem Geschirr und dem ungepflegten Fell des Wagenpfer-des war kein anderer als der große Trickem verborgen gewesen!

Nicht weniger gerissen war ein anderes „En-deavor", ebenfalls von Wyllie Jones, das im American Turf Register festgehalten wur-de. Im Dobbs County in North Carolina war eine große Familie ansässig namens Sharrard, die zu Reichtum und Macht ge-kommen war, leidenschaftlich dem Match Racing huldigte und gute Pferde dazu kauf-te. Speziell mit ihrem besten Hengst Blue Boar (auch Blue Buck genannt) hatten sie großen Erfolg, so daß sie ihn bald für unbe-siegbar hielten. Blue Boar war von Wyllie Jones gezogen worden. Er war von *Janus und aus einer *Fearnought-Stute.

Eines Tages ließ sich ein Neuer im Town nieder. Sein Name war Henry, und er war schottischer Abstammung. Er richtete einen Store ein und erfreute sich bald großer Beliebtheit. Ein Pferd hatte er auch, ein kleines, hübsches Reitpferd mit *Janus-Abstammung, auf das er sehr stolz war, und über dessen Schnelligkeit er gern prahlte.

Sharrard hielt den Schotten für einen unerfahrenen jungen Mann und rechnete sich aus, er könne in den Besitz des Stores kommen, wenn es ihm gelang, ihm ein Match Race aufzuschwatzen. Eines Tages ritt er auf Blue Boar zu Henry heran und fing an, Henrys Pferd herunterzuputzen, dabei gleichzeitig betonend, wie leicht Blue Boar ihm davonlaufen könnte. Als Henry zu zögern schien, bot er ihm an, Blue Boar würde 160 Pounds tragen, während Henry sich den leichtesten Jockey wählen könnte, den er fand. Darauf schlug Henry ein. Er sandte nach einem Trainer, der auch nach wenigen Tagen eintraf. Wetten wurden abgeschlossen, und alles, auch der Store, wurde einge-

setzt. Ein Tag vor dem Rennen traf dann eine Gruppe von Pferdeleuten von Wyllie Jones aus Halifax ein.

Am Renntag versammelte sich ganz Dobbs bei den Paths. Alles wurde gesetzt, nachdem die Bargeldvorräte erschöpft waren – Negersklaven, Pferde, Ochsen usw., und die Männer aus Halifax akzeptierten alles, das gegen das kleine Pferd von Henry gesetzt wurde.

Was kein Wunder war. Wyllie Jones hatte beide Pferde gezüchtet und wußte, wie schnell sie waren. Das kleine Pferd gewann das Rennen in einer Manier, die jede Diskussion ausschloß. Die Männer aus Halifax beluden ihre Wagen mit allem gewonnenem Gut, einschließlich dem aus dem Store, versteht sich, banden die Pferde und Ochsen daran und machten sich, Henry mit ihnen, auf den Weg nach Halifax. Der Zweck des Stores wurde nun offenbar, und Henrys kleines Pferd war kein anderes als Trickem höchstpersönlich.

III

Dem Englischen Vollblut war eine weltweite Anerkennung wie kaum einer anderen Rasse beschieden. Das Quarter Horse ist zahlenmäßig die größte Pferderasse der Welt, aber nur Insidern bekannt. Das Englische Vollblut hat eine stärkere Lobby, es genießt in jenen Kreisen das höchste Ansehen, die in vieler hinsicht auf der Welt tonangebend sind, die deshalb auch die besten Möglichkeiten haben, sich in den Medien zu artikulieren. Das Quarter Horse dagegen wird zum großen Teil nicht von den Machern, Managern und Magnaten gezüchtet, gehalten und geliebt, sondern von Freizeitreitern, Ranchern und Cowboys, obwohl es, besonders in Amerika, natürlich auch unzählige Quarter Horse-Freunde in den obersten Gesellschaftsschichten gibt. Aber jeder hat schon einmal den Begriff Vollblüter gehört, selbst wenn er von Pferden keine Ahnung hat. Und es sind Vollblutrennen, also Long Races, die in Europa und weiten Teilen Amerikas größte Aufmerksamkeit und weitgehendstes Medien-Coverage erhalten, obwohl die höchstdotierten Rennen nicht Vollblut- sondern Quarter Horse-Rennen sind. Andere Wettbewerbe in der Welt des Quarter Horses, wie z. B. Cutting- und Working Cowhorse-Turniere, sind so hoch dotiert, daß sich besonders in Europa die Gewinn-

No Butt, eine der besten modernen Quarter Racing-Stuten

summen der Vollblutrennen dagegen oft mickrig ausnehmen. Dennoch, der Begriff „Vollblut" schwebt über der gesamten Pferdewelt der westlichen Industrienationen wie eine Art hehres Banner.

Daher ist es erklärlich, daß dem Einfluß des Englischen Vollblutes bei der Entstehung der Rasse Quarter Horse ein zu großes Gewicht zugemessen wurde. Oder, anders ausgedrückt, der Einfluß, den spanische Pferde gehabt haben, wird meistens nicht ausreichend gewürdigt. Dennoch gibt es natürlich keinen sinnfälligeren Einstieg in die Historie der Rasse Quarter Horse, als das Quarter Mile Racing, dem die Rasse letztlich ihren Namen verdankt.

Das heute der Blick zu einseitig auf das Vollblut (im englischen Sprachgebrauch Thoroughbred, was so viel wie durchgezüchtet bedeutet) gerichtet ist, liegt wohl auch daran, daß auch heute noch Vollblüter in der Quarter Horse Zucht verwandt werden dürfen, während eine Einkreuzung von Andalusiern nicht statthaft ist.

Spanische Pferde, Andalusier zumal, haben jedoch eine nicht zu unterschätzende Rolle bei der Entstehung der Rasse gespielt. Wir haben schon die Chickasaw-Pferde erwähnt, die, wie die Pferde anderer Indianerstämme des Südostens, z. B. der Cherokees, direkte Nachkommen der Pferde der spanischen Eroberer waren. Bis zum Eintreffen der ersten wirklich guten Rennpferde aus England waren die Chickasaw-Pferde die begehrtesten, schönsten und schnellsten Pferde in den Kolonien.

Das berühmteste Chickasaw-Pferd war wohl der Hengst Roger, der alle seine Rennen gewonnen hat und bei dessen In-den-Ruhestand-Treten 1744 öffentlich bekanntgemacht wurde, daß er nicht mehr herausgefordert werden konnte.

Auch beschränkte sich der Einfluß spanischer Pferde nicht auf die einmal im Lande vorhandenen (Chickasaw-) Pferde. Wenn es schon früh die ersten Importe aus England gegeben hatte – die ja ohnehin nicht aus rein englisch gezogenen, sondern aus bereits orientalisierten Pferden bestanden – so wurden auch Importe spanischer Pferde durchgeführt, bis ins 19. Jahrhundert hinein. Einige dieser spanischen Importpferde sind *Barb (1740), Ferdinand (1766), Hermoso (Andalusier, 1786), der ein Geschenk des spanischen Königs an John Jay war, Pensacola (1787), *Spanker (Andalusier, 1740), der in vielen Quarter Horse und Vollblut-Pedigrees zu finden ist

und der als ebenbürtig dem aus England importierten *Monkey galt, Montezuma, der voll spanisch gezogen und 1797 aus Mexico nach Kentucky gebracht worden war und dort als das beste Pferd im Lande galt, Spot, 1798 von Westflorida nach Virginia gebracht, Ballasteros oder Talavera, vor dem Eigentum König Ferdinands VII von Spanien und von Kapitän Singleton nach Pennsylvania gebracht, und viele andere...

Spanische Stuten wurden ebenfalls importiert: zehn Jahre, nachdem der Short Racing-Mann Nathaniel Harrison den Foundation Sire *Monkey importiert hatte, holte er aus Spanien die Rennstute *Merry Lass oder *Lovely Lass oder *Harrison-of-Brandon, wie sie auch genannt wurde. Die spanische Stute Hunting Squirrel kam 1752 nach Virginia, und ungezählte mehr wurden importiert, die aber oftmals keinen Namen erhielten.

Nun beschränkt sich der Anteil spanischen Blutes bei unseren Quarter Horses aber nicht auf jene, die im Osten der heutigen Vereinigten Staaten als Ausgangsmaterial vorhanden waren oder dort zur Verbesserung der Zucht importiert wurden. Im Südwesten, in Mexico und an der Pazifikküste, hatten die Spanier schon das Land erobert, lange bevor die Kolonien an der Ostküste entstanden. Die spanischen Conquistadores ritten Hengste, aber schon früh richteten sie auf den Westindischen Inseln Pferderanches ein, die bald nicht nur Mexico, sondern auch Südamerika belieferten.

Im Gefolge der Conquistadores kamen die Padres, deren Missionen sich bald zu großen Viehzuchtbetrieben und natürlich auch Pferdezuchtbetrieben entwickelten. Da nicht genügend spanische Vaqueros zum Hüten und Arbeiten der Herden vorhanden waren, lernten sie, gegen den Willen der spanischen Obrigkeit, die bekehrten Indianer als Vaqueros an. Sie hatten wohl auch kaum eine andere Wahl. Sei es, daß von diesen indianischen Vaqueros welche mitsamt Pferden davonliefen, sei es, daß benachbarte „wilde" Indianer sich Pferde erbeuteten – die Missionen waren wohl die Hauptquelle, aus der die Indianer sich mit Pferden versorgten. Später erwarben oder erbeuteten wieder andere Indianerstämme Pferde von denen, die in den Besitz dieser Tiere gekommen waren. Weit weniger häufig, als dies angenommen wurde, haben die Indianer wilde Pferde eingefangen und gezähmt; sie zogen es vor, entweder von den Missionen oder von anderen Stämmen bereits gezähmte zu erbeuten.

Das Pferd fand auf diese Weise in Nordamerika eine rasche Verbreitung. Sowohl den Eroberern, wie auch den Missionaren und den Indianern entliefen häufig Pferde, die sich in der amerikanischen Wildnis sehr schnell vermehrten und aufgrund der zahlreichen natürlichen Feinde sowie des rauhen, zerklüfteten und vielfach sehr steinigen Landes unglaublich wild, agil, zäh und ausdauernd wurden. Vom heutigen Florida, New Mexico, Texas und Californien aus eroberte sich das Pferd den amerikanischen Kontinent bis hinauf nach Canada. Um 1750 hatte das Pferd den Süden Canadas erreicht.

In Californien hielt sich das unverkreuzte spanische Pferd am längsten. Obwohl Pferderennen und auch Kurzstreckenrennen im pastoralen Californien schon früh beliebt waren, kamen die Californier naturgemäß als letzte unter den Einfluß des Yankeetums und der Short Races östlicher Prägung sowie den dazugehörigen Pferden.

Die californischen Pferde müssen von unglaublicher Ausdauer gewesen sein. Überliefert ist z. B. ein Ritt von Colonel John C. Fremont, Don Jesus Pico und Jacob Dodson von Los Angeles nach Monterey und zurück, insgesamt 840 Meilen (rund 1350 km), in nur 76 Stunden. Er wurde in 8 Tagen zurückgelegt, mit einem Tagesschnitt von 110 Meilen, wobei 135 Meilen die größte an einem Tag zurückgelegte Strecke war. Jeder hatte drei Pferde, die abwechselnd, jedes immer 20 Meilen weit, geritten wurden. Dies alles über unwegsames, gebirgiges, steiniges Gelände und bei fast ausschließlicher Grasfütterung!

Diese spanischen Pferde, bzw. ihre verwilderten Abkömmlinge, Mustangs genannt, waren die ersten Cow Horses des Südwestens und Westens. Als vom Osten her im 19. Jahrhundert das Quarter Racing Horse, das, wie wir gesehen haben, bereits einen erheblichen Anteil spanischen Blutes führte, zuerst nach Texas und von dort weiter westwärts und nordwestwärts vordrang, war es die Fusion dieser Quarter Racing-Pferde mit den spanischen Cow Horses, die so überragende Quarter Racing-Pferde und auch Cow Horses hervorbrachte und letztlich das Pferd, das wir heute als Quarter Horse kennen.

Pferde wie Steel Dust erreichten Texas etwa zur Zeit und kurz vor der Zeit der großen Viehtriebe und damit zur Blütezeit des amerikanischen Cowboys. Texas war im besonderen Maße ein Land der spanischen Mustangs, von denen Tausende und aber Tausende die Prärien, Berge und das Brush Country bevölkerten und die, einmal gezähmt und eingeritten, ausgezeichnete Cow Horses abgaben. Daß die Paarung der Short Horses aus dem Osten mit diesen Pferden nicht nur Spitzenrennpferde, sondern auch die besten Cow Horses der Welt ergab, haben wir schon erwähnt, warum das so ist, wollen wir später zu ergründen versuchen.

Jedenfalls wird die Rolle, die das Quarter Horse bei den großen Trail Drives gespielt hat, den Viehtrieben hinauf in den Mittelwesten und Nordwesten, allgemein von Quarter Horse-Leuten gern übertrieben. Das Texas Cow Pony, der Mustang, hat die Rinderherden nordwärts getrieben. Die wenigen Quarter Racer, die zu der Zeit ins Land gekommen waren, hatten noch gar keinen erwähnenswerten Einfluß auf die Zucht von Cow Horses nehmen können. Daß sie zahlreich genug vertreten waren, um ganze Trailmannschaften beritten zu machen, daran kann auch nicht im entferntesten gedacht werden. Die spanischen Mustangs dagegen waren so überreichlich vorhanden, daß ein Cow Pony etwa halb so viel wie ein guter Sattel kostete.

Ein Studium alter Fotos aus dem vorigen Jahrhundert erhärtet diese Behauptung. Darauf sind kaum je Pferde zu finden, die als Quarter Horses angesprochen werden könnten. Selbst um die Jahrhundertwende und kurz danach, als z. B. der berühmte Cowboyfotograf Erwin E. Smith seine fotografischen Dokumente in Texas und dem angrenzenden Cow Country aufnahm, bestand offensichtlich ein großer Teil der Cowboypferde noch aus Mustangs.

Die Rolle der spanischen Mustangs bei den Trail Drives und der Erschließung des Westens durch die Rancher wird auch von Robert Denhardt in seinem Buch „The Horse of the Americas" nicht geleugnet. Diese Tatsache einzugestehen können wir Quarter Horse-Enthusiasten uns ohne weiteres leisten und schmälert die überlegenen Qualitäten unserer Pferde besonders als ideale Cow und Ranch Horses in keiner Weise.

Obwohl, als im Nordwesten der Vereinigten Staaten Ranches etabliert waren, man dort eine Zeitlang vergeblich versuchte, die spanischen Cow Horses mit verschiedenen, eigentümlicherweise häufig kaltblütigen Rassen zu verbessern, setzte sich bald das Pferd als ideales Cow Horse und Ranch Horse durch, das später als Quarter Horse seinen Aufstieg zur zahlenmäßig größten Rasse der Welt und seinen Siegeszug um die ganze Welt antreten sollte.

Die durchschlagende Vererbung, durch die sich die aus dem Osten gekommenen Short Horse- oder Quarter Racing-Hengste auszeichneten, muß als Hinweis für ihr rassemäßiges Durchgezüchtetsein gewertet werden. Diese Fähigkeit, typische Interieur- und Exterieurmerkmale zuverlässig zu vererben, findet man, außer bei Wildtieren, nur bei Vertretern durchgezüchteter Rassen.

IV

Der Bürgerkrieg (Civil War, 1861−65) fand im Alten Süden (also im Osten) statt und beeinträchtigte die Zucht von Short Horses kaum, da das Short Race und mit ihm die Züchter von Short Horses abgewandert waren nach Illinois, Missouri, Kansas, Arkansas, Oklahoma und Texas.

Samuel Watkins aus Petersburg, Illinois war einer der bedeutendsten Züchter seiner Zeit. Er besaß, züchtete und startete viele Quarter Racer. Joe Sefus und Barney Owens waren die Grundlage seiner Zucht. Er züchtete Dan Tucker von Barney Owens, den Vater von Peter McCue und auch Peter McCue selbst. Peter McCue war der einflußreichste Foundation Sire der Zeit nach Steel Dust; er stand auch einige Zeit bei den ebenso aktiven Mitgliedern der Watkins Familie in Oakford, Illinois, wo er u. a. Buck Thomas, Harmon Baker und Carrie Nation zeugte. Milo Burlingame, der 1874 in Illinois geboren wurde, hatte nicht nur das Privileg, Peter McCue als Jockey zu reiten − für ihn war er das schnellste Pferd und der größte Vererber überhaupt −, sondern sein Traum, Peter McCue eines Tages selbst zu besitzen, ging 1911 in Erfüllung, als Peter 16 Jahre alt war. Wegen eines Beinbruches konnte der Hengst nicht mehr gestartet werden. Milo

Burlingame war einer der erfolgreichen Short Horse Men seiner Zeit und einer der besten Jockeys.

Ein anderer Züchter von Quarter Running Horses in Illinois war Robert T. Wade. Er betrieb die Zucht von 1860 bis 1904, und seine besten Pferde waren Bob Wade, Sirock, Silver Dick und Roan Dick.

Bill Stockton und Alex Chote züchteten Quarter Sprinter im südwestlichen Missouri, wo die Alsups ihre Brimmer- und Lightning-Pferde züchteten, wo Nathan Lloyd Cold Deck und John Hedgepeff Barney Ownes gezüchtet haben. Bill Stockton kaufte 1876 eine Stute von den Alsups und ließ sie von einem Cold Deck-Sohn decken. Das Resultat war Missouri Mike. Sein Freund Chote machte es ihm nach und erhielt so Missouri Rondo, oft nur Rondo genannt. Beider Hengste Blut verbreitete sich schnell überallhin, wo Short Horses populär waren. Chote züchtete auch den Foundation Sire Old Fred, der so viel für Coke Roberds Zucht in Colorado getan hat.

Mike Smiley, geboren 1855 in Missouri, züchtete Quarter-Rennpferde in Kansas. Es scheint außer der Jagd und dem Pferderennen nicht viel in seinem Leben gegeben zu haben. Croton Oil war einer seiner besten Pferde, andere waren Guinea Pig, Pony Pete, Printer Tom und Little Steve. Mikes beste Stuten waren Töchter des Vollblüters Frank James. Pony Pete war sein bester Zuchthengst.

Als Coke Blake 1870 in Van Buren, Arkansas Cold Deck sah, war er von ihm so beeindruckt, daß sein Zuchtziel feststand: Pferde von Cold Decks athletischen Fähigkeiten und Intelligenz, mit möglichst noch etwas zusätzlicher Eleganz und Refinement. Cold Decks Besitzer war damals Foss Barker, der ihn für das schnellste Pferd der Welt hielt. Über seinem Stall, wo immer er war, prangte ein Schild „Cold Deck against the World!" Cold Deck war knapp 15 Hands und wog rund 1180 Pounds. Er war ein Dunkelfuchs und galt als ein Sohn von Steel Dust.

Blake begann 1897 seine Zuchtlinie zu verwirklichen. Er kaufte einen Sohn von Cold Deck, den er Young Cold Deck nannte. Von ihm zog er aus einer Stute von Alsups Red Buck seinen besten Hengst, Tubal-Cain. Blake züchtete einige der schnellsten Short Horses in Oklahoma. Seine Pferde wurden bekannt als „Blake Horses" und waren besonders in Oklahoma, West-Arkansas, Süd-Missouri und Kansas begehrt. Sie waren nicht nur schnell, sondern auch sehr feinfühlig. Er bevorzugte die Blutlinien Bertrand, Brimmer und White Lightning und Cold Deck in der Vaterlinie.

Es ist interessant, was Coke Blake – neben Pedigree-Informationen – auf seinen Deckanzeigenplakaten schrieb:

Young Cold Deck, der Foundation Sire der Blake Horses

„Die Zucht der Blake Pferde wurde im Jahre 1900 von S. C. Blake ...gegründet. Diese Pferde sind überall auf der Welt (typisch amerikanische Überheblichkeit) bekannt wegen ihrer Überlegenheit allen anderen Pferden gegenüber. Als Allzweck-Pferde können sie alles, was andere Pferde können und tun es besser und mit weniger Futter. Sie sind die stärksten Pferde im Verhältnis zu ihrem Gewicht und die intelligentesten. Sie können gelehrt werden fast wie wenn sie vernunftbegabt wären. Sie sind die schnellsten Pferde der Welt und unübertroffen für Roping und Polo. Sie starten und stoppen schneller als jedes andere Pferd. Sie sind auch die besten Pflug-Pferde auf der Welt, und der Pflug ist der Anfang und das Ende der Zivilisation".

C. B. Campbell, ein reicher Rancher in Oklahoma, war um 1880 einer der Top-Züchter in Amerika. Reed, Dan und John Armstrong arbeiteten eine Zeit für ihn und wurden später selbst erfolgreiche Short Horse Men (einige ihrer besten Pferde waren Fear Me, Hermes, Dr. Blue Eyes von A. D. Reed, Goldie McCue und Nettie Stinson). C. B. Campbells bekannteste Pferde waren Bonnie Joe, Pid Hart, Tom Peters, Tom Campbell, Denver, Jeff, Minco Jimmy und Uncle Jimmy Gray. In der großen Depression nach dem 1. Weltkrieg konnte Campbell seine Ranch nicht halten, und alles wurde versteigert – Pferde, Rinder, Land und Maschinen.

Andere Züchter in Oklahoma waren die Trammels, Harrels, M. S. „Small" Baker, die Meeks, Mike Beetch und viele andere.

Middleton Perry und Jones Greene hatten, als sie aus Illinois nach Texas zogen, hinter ihrem Wagen ein Hengstfohlen angebunden, von dem wir schon gehört haben: Steel Dust. Perry und Greene waren Schwäger. Der Trip nach Texas im Prärieschoner dauerte über einen Monat. Dallas bestand damals, 1844, aus einigen wenigen Blockhäusern am Ostufer des Trinity Rivers. Jack Batchler zog 1849 nach Texas. Außer seiner Frau und seinen beiden Kindern nahm er Shiloh, seinen besten Hengst mit, der neben Steel Dust zum berühmtesten Linienbegründer seiner Zeit werden sollte. Er war ein Schmied, und nachdem er einige Pferde für Perry und Greene beschlagen hatte, wurden die Männer Nachbarn und Freunde und kooperierten in der Pferdezucht. Sie ließen Steel Dust-Töchter von Shiloh decken und umgekehrt. Shiloh war von Van Tromp, der auf Sir Archy zurückging.

Von Harrison Stiff haben wir auch schon gehört. Er war aus Kentucky, und sein bestes Pferd war Monmouth, der ihm schon in Kentucky viele Rennen gewonnen hatte. Wie Monmouth gezogen war, verriet Stiff niemandem.

„Wild" Jim Brown aus Lee County, Texas besaß Gray Alice, eine Tochter von Steel Dust, die nie ein Rennen verloren hat. Brown hatte auch einen Sohn von Steel Dust namens Rebel, ein gutes Renn- und Zuchtpferd. Ansonsten war er ein zweifelhafter Charakter, der seinem Namen alle Ehre machte.

William „Bill" Fleming oder Uncle Bill, wie er auch genannt wurde, stammte aus Georgia, ging zunächst nach Mississippi und von dort nach Texas. Sein berühmtestes Pferd, und berühmt war es wirklich, war sein Hengst (Old) Billy. Eine solche Reputation erlangte dieser Hengst, daß man von „Billy Horses" sprach, wie man auch von „Steel Dusts" sprach. Beide Begriffe waren synonym für Short Horse

Joe Bailey (of Gonzales), von Traveler und aus einer Stute von Old Joe Bailey

oder Quarter Racing Horse. Billy war von Shiloh und aus der Steel Dust-Tochter Ram Cat. Er wurde Vater und Großvater vieler berühmter Pferde wie Pancho, Joe Collins, McCoy Billy, Little Brown Dick und Sykes Rondo. Beide Joe Baileys (of Weatherford und of Gonzales) führten Billy-Blut.

Dan Waggoner war einer der größten Rancher in Texas. In den 1890er Jahren verkauften er und sein Sohn Tom 40.000 Rinder pro Jahr. Die Waggoner Ranch wuchs bis auf über eine halbe Million Acres (über 200.000 ha). 1900 fand man Erdöl, und Geld spielte von da an keine Rolle mehr. Paul Waggoner, ein Sohn von Tom Waggoner, hatte das größte Interesse an Quarter Horses. Er verwandelte die Three D Stock Farm in Arlington, eine alte Vollblut-Rennbahn, in ein Quarter Horse-Gestüt. Als Foreman heuerte er Pine Johnson an, einen der besten Quarter Horse Trainer aller Zeiten. Tom Waggoner hatte eine besondere Vorliebe für Falben. 1910 sah er ein buckskin Fohlen, das ihm so gut gefiel, daß er es mitsamt seiner Mutter kaufte. Er nannte es Yellow Wolf, und sein Vater war

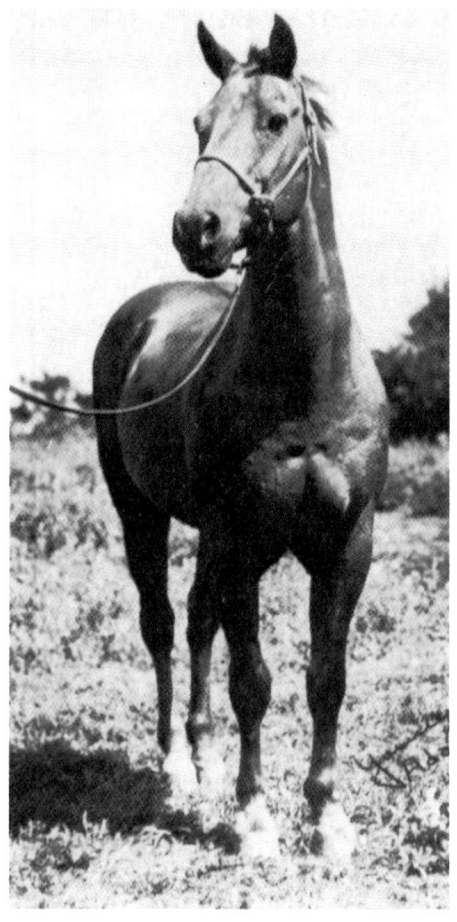

Waggoner's Rainy Day

Old Joe Bailey gewesen. Die Stute, sie wurde Mary genannt, brachte ihm noch einen anderen Hengst von Joe Bailey, den er Yellow Bear nannte. Yellow Wolf war der größere der beiden, aber Yellow Bear zeugte die größten Fohlen und besten All-around-Pferde. Yellow Wolfs Nachkommen hatten mehr Speed, und die meisten waren Duns oder buckskins. Er zeugte einige gute Hengste, wie Beetch's Yellow Jacket, Big Jaws, Dan Skeet und Black Wolf, während Yellow Bear mehr Zuchtstuten produzierte. Yellow Jacket war einer der besten Vererber Waggoners, einige seiner Nachkommen sind Santa Clause, Yellow Jacket Jr., Prairie Dog, Baldy Jack, Cowboy und Cow Puncher, Tom Waggoners Lieblings-Reitpferd. Er kaufte Pretty Boy, von dem er Pretty Buck zog, und Poco Bueno, der allein ihn schon zu einem Quarter Horse-Mann von Bedeutung gemacht hätte.

Crawford Sykes und Joe Mangum waren Partner und durch Heirat verwandt. Ihr bester Hengst war Rondo, genannt Sykes' Rondo, der von McCoy Billy von Old Billy von Shiloh war. Sykes züchtete auch den nach ihm benannten Hengst Crawford Sykes, der von Arch Oldham war. Seinen Rondo nannte Sykes den besten Quarter Horse-Vererber, der je zwischen den Flüssen San Antonio und Guadelupe war. Sykes und Mangum Horses waren eine Paarung von Billy-, Swagger- und Tiger-Blut.

Samuel Burk Burnett hatte gegen Ende des vorigen Jahrhunderts das Hauptquartier seiner Ranch ungefähr dort, wo heute Wichita Falls ist. Sein 6666 Brand ist einer der bekanntesten überhaupt. Burk Burnett, der 300.000 Acres von den Kiowas und Comanches pachtete, war ein Freund des Comanchenhäuptlings Quanah Parker. Auch auf Burnetts Land in Texas wurde Öl gefunden, und ein Öl-Boomtown namens Burkburnett entstand am Red River. Burnett war ein aktiver Züchter, der sich Anfangs gern Vollblüter bediente. Als die Shelys ihre Pferde verkauften, gingen diese hauptsächlich an drei Züchter: an die Burnetts, die Waggoners und an Ott Adams.

W. W. Lock war ein gerissener Short Horse Man, von dem wenig Persönliches bekannt ist. Seine berühmtesten Pferde waren (Lock's) Rondo, von Whalebone von Old

Little Joe

Billy von Shiloh, Texas Chief, ein Sohn von Rondo, Daisy L und Bonnie Bird.

Dow und Will Shely waren, nach Meinung Ott Adams', so bedeutend bezüglich der Entwicklung des Quarter Horses in Südtexas wie Fleming oder Lock. Ihre Palo Hueco Ranch war das Zentrum der Quarter Racing-Aktivitäten Anfang dieses Jahrhunderts. Will war der Züchter, Dow besorgte das Kaufen, Verkaufen und Rennen. Sie begannen mit Crockett-Stuten und einem Hengst von Crawford Sykes, Blue Eyes, einem Top Race Horse von Rondo aus der May Mangum. John Crowder war der zweite Hengst, den sie verwandten, auch ein großartiges Rennpferd. Seine Fohlen aus Blue Eyes-Stuten waren hervorragend, darunter Mamie Crowder und Lady S, die nach George Clegg und Ott Adams nie geschlagen wurden. Traveler war der letzte Hengst der Shelys. Ott Adams kaufte Mamie Crowder, Julia Crowder, Moselle und Little Kitty als die Shely Brüder später alles auflösten und verkauften.

Ott Adams war einer der bedeutendsten Züchter und lebte in Südtexas. Sein Vater war aus England, seine Mutter aus South Carolina. Ott Adams starb 94-jährig im

Joe Moore, von Ott Adams gezogen, von Little Joe aus der Della Moore

Jahre 1963. Little Joe war Adams erster überragender Hengst. Joe Moore, ein Sohn von Little Joe, war der zweite große Hengst den Adams hatte, der seinem Halbbruder Joe Reed in nichts nachstand. Adams züchtete viele berühmte Pferde wie Zantanon, Grano de Oro, Pancho Villa, Jim Wells, Pat Neff, Cotton Eyed Joe, Hobo, Lady of the Lake, Monita, Stella Moore, Texas Rose, Kitty Wells, Ada Jones, Plain Jane und Big Liz.

William Anson, ein englischer Nobleman, siebter Sohn eines Earls und der Tochter eines Dukes, kam als Teenager im Jahre 1889 nach Texas. Er wurde bald Manager einer Ranch. Obwohl er nie seine feinen Manieren und seine gewählte Sprache ablegte, wurde er bald aufgrund seiner exzellenten Schießkunst und seiner charakterlichen Qualitäten allseits geachtet und geschätzt.

Zu Zeiten des Burenkrieges lieferte Anson Texaspferde an die englische Regierung, die er direkt von Galveston nach Kapstadt schiffte und die sich so gut in Afrika bewährten, daß er insgesamt 22.000 Pferde auf diese Weise verkaufte. Auf seinen Fahrten, die ihn durch ganz Texas führten, kaufte er gute Short Horse-Stuten, wo immer ihm welche begegneten und stellte sich so eine ausgezeichnete Herde zusammen, die schließlich von einem Hengst, einem Sohn des, wie er sich ausdrückte „originalen Rondo", vervollständigt wurde.

Anson spielte gern Polo und importierte mehrere Hengste aus England, um damit Polopferde zu züchten, die sich aber nicht bewährten. Schließlich kaufte er wieder einen Quarterhengst, vermutlich den nach seinem Züchter benannten Crawford Sykes, der von Arch Oldham war. 1908 kaufte er Harmon Baker, einen Peter McCue-Sohn. 1910 erwarb er Sam Jones, ein großartiges texanisches Rennpferd, das viele Vollblüter geschlagen hatte.

Anson züchtete Quarter Horses für den Rest seines Lebens, und viele der besten Pferde in Texas gingen auf seine Zucht zurück. Doch eine hervorragende Stellung nimmt dieser Mann ein, weil er – im Gegensatz zu allen anderen seiner zeitgenössischen großen Züchter und der vor seiner Zeit – eine andere Perspektive hatte: er war der erste, der die Notwendigkeit erkannte, diese Pferde als Rasse zu züchten, Stutbuch zu führen und die Chancen, die sich ihr dadurch öffnen würden. Er war der erste, der Studien über die Historie dieser Pferde betrieb, wesentliche Blutlinien erforschte und aufgrund ihrer Gebrauchsqualitäten im Vergleich zu anderen Rassen eine Zukunft für sie sah, wenn sie als Rasse gefördert würden. Er führte Buch über seine Zucht und schrieb Briefe und Artikel, um der Rasse zur Anerkennung zu verhelfen. Anscheinend bedurfte es eines Mannes, der nicht mit diesen Pferden von klein auf vertraut war, der anderes gesehen und einen weiteren Horizont hatte, um nicht nur recht zu würdigen, was in diesen Pferden vorhanden war, sondern auch zu sehen, was die Zukunft für sie bereit hielt und was zu unternehmen sei, um das zu realisieren. William Anson kann daher als Begründer des heutigen Quarter Horses gelten.

John Dial war ein Freund von George Clegg und Ott Adams. Im Gegensatz zu diesen, die sich an die alten Short Horse-Blutlinien hielten, zögerte John Dial nicht, auch Vollblüter zu verwenden, eine Einstellung, die er auch mit einem anderen seiner Freunde teilte, mit Bob Kleberg von der King Ranch. Zwei von John Dials beliebtesten „Sprüchen" waren: „Ich kenne nichts von Pferden, aber *sure as hell*, sie können rennen!", und: „Wenn's nichts kostet, nimmst du besser nicht zu viel". Einige der besten Pferde der King Ranch gehen zurück auf solche, die von John Dial erworben worden waren. Jedoch das berühmteste Pferd der King Ranch, der Old Sorrel, war aus George Cleggs Zucht. Cleggs Stuten waren überwiegend Rondo- und Traveler-gezogen, und sein Hengst Hickory Bill war ein Sohn Peter McCues. 1928, als John Dial Vollblüter in New Orleans rennen ließ, kaufte er dort Chicaro, den er später Bob Kleberg verkaufte, wie er überhaupt eine große Hilfe für letzteren war bei der Zusammenstellung der King Ranch-Herde.

Andere bekannte Züchter in Texas waren Webb Christian, der Barney Lucas gezogen hatte, Dick Baker, Gardner, J. W. House, der Züchter von Joe Reed II, John Nasworthy, die Waddles, John Wilkins und viele andere. Texas hat zweifellos eine übergroße Portion an Quarter Horse-Züchtern abbekommen.

Lucian B. Maxwell, Indianerkämpfer, Trapper, Banker, Händler, Richter und vieles mehr, war auch der erste große Quarter Racing Man in New Mexico. Er war ein Bekannter Kit Carsons und von 1864 bis 1870 alleiniger Besitzer des Maxwell Grants, möglicherweise der größten Ranch in alleinigem Privatbesitz in den USA, die einen großen Teil des nördlichen New

Mexicos und Teile von Süd-Colorado einnahm, 1.714.774 Acres (fast 694.000 ha) alles in allem. Maxwell importierte 1881 zwanzig Vollblutstuten aus England, die besten, die er bekommen konnte, sowie den französischen Stakes Winner Uhlan, um seine Zucht zu verbessern. Diese Stuten waren tragend von 13 verschiedenen Hengsten. Das Blut dieser Stuten, gepaart mit dem amerikanischer Quarter Running Horses, tat viel für die Verbesserung der Zucht in New Mexico.

In Arizona war es Jim Kennedy, der zu seiner Zeit wohl mehr gute Short Horses hatte als jeder andere. Er importierte Anfang dieses Jahrhunderts Possum aus Texas, wo dieser King geheißen hatte. Possum zeugte neben anderen Red Cloud. Einige andere von Kennedys Pferden waren Apache Kid, Little Brother, Bulger, Doc, Duke, Guinea Pig, Monte Cross und Strawberry.

Bert Wood brachte 1941 Joe Reed II nach Arizona, wo dieser Leo, Bulls Eye, Lady Grey und viele andere gute Pferde zeugte. Bert Wood war ein Cowboy sein Leben lang bzw. seit er alt genug war, einen Trab auszusitzen. Eine Zeitlang ritt er auch als Stuntman für Filme und exerzierte Rennpferde. Er hatte das Privileg, für den leidenschaftlichen Short Horse Man Zee Hayes dessen bestes Pferd zu reiten: keinen anderen als Joe Blair, den Vater Joe Reeds und Großvater von Joe Reed II. Joe Blair war absolut unverkäuflich, und sein Besitzer schlief sogar bei ihm im Stall, aber Hayes gelang es, den Hengst zu leasen. Wood behauptet, daß Joe Blair einmal in Colorado Weltrekordzeit lief, glatte 21 Sekunden über die Viertelmeile, was aber nie anerkannt wurde, weil es nicht auf einem offiziellen Track geschah. Joe Blair war ein besonders ruhiges, freundliches Pferd nach Bert Wood, so vorbildlich brav und so

schnell, daß sein Interesse für diese Blutlinie geweckt wurde, was letztlich dazu führte, daß er später einen Enkel dieses Hengstes, Joe Reed II, erwarb.

J. Ernest Browning züchtete Quarter Horses auf seiner Mule Shoe Ranch bei Willcox, Arizona. Er war später Präsident der American Quarter Horse Association, deren Mitbegründer er auch war. Seine Familie war 1914 nach Arizona gegangen. Billy Byrne, sein Gründerhengst, war aus Dan Casements Zucht und ein Sohn von Balleymooney, der von Concho Colonel war.

Dan Casement und sein Sohn John S. „Jack" Casement waren prominente Quarter Horse-Züchter in Colorado und engagierte Kämpfer und Promoter dieser Pferde. Dan Casement, der im Jahre 1900 seine Pferde- und Rinderzucht begann und diese für fünf Jahrzehnte betrieb, hatte durch die Qualitäten eines Quarterwallachs namens Jackpaw seine Begeisterung für diese Pferde gefunden. Dazu seine eigenen Worte:

> „Er arbeitete Rinder mit derselben Passion und instinktiven Effektivität mit der ein Hühnerhund Wachteln jagt. Wenn man ihn in der Herde arbeitete, egal ob Cutting oder Roping, war man eine pefekte Einheit mit ihm und hatte das Gefühl, auf einem mächtigen Mechanismus zu sitzen, auf einer gespannten Feder, die nur durch einen fein eingestellten Abzugshahn gehalten wurde. Zügel- oder andere Hilfen waren völlig überflüssig. Alles was der Reiter zu tun hatte war, ihm seine Absicht kundzutun – und das in nur angedeuteter Form – und sich dann von ihm tragen zu lassen, während er es in eigener Regie ausführte. Die hohe Meinung für diese Rasse, die Jackpaw in mir inspirierte und der zu-

nehmende Mangel an diesen Pferden in unserer Gegend führte zu meinem Entschluß, Pferde dieser Art zu züchten. Meine eigenen gemachten Erfahrungen hatten mich kleine Pferde schätzen gelehrt. Zu jener Zeit verlangten die Männer der Gebirgsregion nach Größe in ihren Pferden und verloren dabei Geschicklichkeit und Wendigkeit. Ich nahm mir vor, Pferde zu züchten, wie ich persönlich sie mochte, wann immer ich eine vielversprechende Stute und einen Hengst finden konnte."

Dan Casement las dann einen Artikel von William Anson über das American Quarter Running Horse, begann mit letzterem zu korrespondieren und kaufte 1911 den Hengst Concho Colonel von Anson. Concho Colonel startete Casements Quarter Horse-Zucht, war ein super All-round Ranch und Cow Horse und wurde 23 Jahre alt. 1923 kaufte Dan Casement 16 Stuten von Ed Springer, die eine frische Zufuhr von Peter McCue-Blut darstellten. Pferde wie Red Dog, Frosty, Deuce, Billy Byrne und Buckshot resultierten, welche neue Familien in Arizona, Wyoming, Kansas und Colorado begründeten.

Dan und Jack Casement halfen, 1940 die American Quarter Horse Association zu gründen. Weitere Pferde aus ihrer Zucht

Coke T. Roberds

sind She Kitty, Chloe, Cherokee Maiden, Little Neow und Alfaretta.

Si Milton Dawson und Coke T. Roberds waren Rancher bei Hayden, Colorado und Freunde der Casements. Wie auch bei Ott Adams und George Clegg aus Texas, hätten sich selbst ihre Freunde nicht entscheiden können, wer von beiden der bessere Horseman war. Sie arbeiteten eng zusammen. Si Dawson kaufte Peter McCue von Milo Burlingame. Als er sich 1916 entschloß, nach Brasilien zu gehen, um dort eine große Ranch zu managen, ließ er seine Stuten und Peter McCue bei seinem Freund Coke. Es heißt, er habe den Hengst Coke Roberds sogar geschenkt. Dawsons Pferde waren zu Anfang dieses Jahrhunderts bekannter als Roberds' Pferde. Seine besten Hengste waren Wild Cat, Silver Tail, Booger Red von Roberds Old Fred und natürlich Peter McCue.

Coke Roberds begann seine Zucht 1898 im Oklahoma Territorium und ging nach Colorado, als Oklahoma 1908 Bundesstaat wurde. In Oklahoma hatte er den Kern seiner Stutenherde erworben, bestehend aus acht Steel Dust-Stuten. Auf dem Treck nach Colorado verlor er seinen Hengst Primero, den er bald durch Old Fred ersetzen konnte. Später züchtete er Sheik von Peter McCue aus einer Primero-Stute, den er Marshal Peavy verkaufte. Von Peavy ging Sheik zur Matador Ranch in Texas und kam 1941 schließlich wieder zurück zu Roberds. Roberds soll zwischen 1920 und 1952 für über 100.000,- $ Pferde aus seiner Zucht verkauft haben.

Andere Züchter in Colorado waren Leonard Horn, Henry Leonard, Marshall Peavy (der Nick S, Ding Bob und Time züchtete), Bryant Burner und Kirk Williams.

Ein Buch über Quarter Horses kann nicht komplett sein ohne eine spezielle Erwähnung der King Ranch. Wäre die AQHA und somit die Rasse Quarter Horse nicht gegründet worden, so hat Robert Denhardt einmal spekuliert, spräche man heute von zwei auf der King Ranch entstandenen Haustierrassen: dem Santa Gertrudis Vieh und den King Ranch Old Sorrel Horses. Die Santa Gertrudis sind eine Rinderrasse, die auf der King Ranch speziell für das Klima und die Umweltverhältnisse dort gezüchtet wurde. Sie ist besonders widerstandsfähig gegen Seuchen und große Hitze und ist von der King Ranch mit Erfolg auch auf ihren Zweigranches in anderen Ländern – Brasilien, Argentinien, Australien z. B. – eingeführt worden. Bei den Old Sorrel Horses handelt es sich um Quarter Horses, die alle auf diesen Stammhengst zurückgehen, der zuerst nach seinem Züchter George Clegg genannt wurde, nie einen richtigen Namen bekam und seit Jahrzehnten als „Old Sorrel" berühmt ist.

Der Flußschiffahrt-Kapitän Richard King gründete die legendäre Ranch 1853 in der „Wild Horse Desert" in Südtexas, zwischen den Flüssen Nueces und Rio Grande. Sie hieß zuerst Santa Gertrudis Ranch nach dem gleichnamigen Bach, an dem sie entstand. Nach dem Tode Richard Kings benannte dessen Witwe Henrietta die Ranch um in King Ranch. Sie könnte heute ebensogut Kleberg Ranch heißen, denn nach Captain Kings Tod übernahm sein Schwiegersohn Robert J. Kleberg sr., dessen Familie aus dem deutschen Westfalen stammte, die Führung der Ranch. Seit den zwanziger Jahren dieses Jahrhunderts wurde sie von Robert J. „Bob" Kleberg jr. geführt, und auch heute ist es ein Kleberg, der an ihrer Spitze steht, Stephen J. „Tio" Kleberg.

Hired Hand (Loyd Jinkens im Sattel)

Old Sorrel

nachdem er sich selbst als bestes Cow Horse bewährt hatte, das je auf der King Ranch war, alle King Ranch-Pferde in- und liniengezogen. In dem Hengst Hired Hand, dem letzten Sohn des Old Sorrel, erreichte die Zucht einen ersten Höhepunkt. Von da ab wurde auf Hired Hand liniengezüchtet. Wesentlicher Bestandteil des King Ranch-Zuchtprogramms war und ist, daß auch alle Stuten, nicht nur die Hengste, unterm Sattel ihre Eignung als Cow Horses beweisen müssen, bevor sie in die Zucht gehen.

Old Sorrel war von Hickory Bill von Peter McCue. Über seine Mutter ist wenig bekannt, sie war von einer Ranch in Mexico, kam ursprünglich von Kentucky. Sie galt als eine Vollblutstute.

Wimpy war ein Großsohn von Old Sorrel. Er gewann durch seinen ersten Platz auf der Fat Stock Show in Fort Worth 1941 die Registrationsnummer 1 der AQHA. Wimpy war von Solis von Old Sorrel, und seine Mutter war Panda, eine Tochter von Old Sorrel. Pandas Mutter war aber auch eine Tochter von Hickory Bill, dem Vater von

Bob Kleberg war der Mann, der für die Entwicklung und den Erfolg der King Ranch Quarter Horses (und nicht nur dafür) verantwortlich war. Schon Captain King war ein Mann, der großen Wert auf erstklassiges Pferdematerial legte. Das kann man schon daraus ersehen, daß er für seinen ersten Zuchthengst 600 Dollar bezahlte und ihn das ganze Santa Gertrudis Land zum Vergleich dazu 300 Dollar gekostet hatte. Unter Bob Klebergs Leitung entwickelte die King Ranch ein Zuchtprogramm speziell zur Züchtung eines optimalen Cow Horses. Der Kauf von Old Sorrel erwies sich dazu als fundamentaler Schritt in die richtige Richtung. Auf ihn wurden,

Wimpy, dem aufgrund seines Sieges auf der 1941er Fort Worth Stock Show die Registrationsnummer 1 der AQHA verliehen wurde

Old Sorrel. Wimpy war also ein doppelter Großsohn von Old Sorrel und dreifacher Urenkel von Hickory Bill.

King Ranch-Pferde wurden nur wenig geshowt. Zweck der Zucht war und ist, die Vaqueros, die Cowboys der Ranch, mit erstklassigen Cow Horses auszustatten. Die King Ranch Vaqueros werden Kinenos genannt, was soviel wie „Kings Leute" bedeutet.

Unter Tio Klebergs Leitung schlug die King Ranch abermals einen neuen Kurs ein. Nicht mehr länger werden King Ranch Quarter Horses nur für den Eigengebrauch gezüchtet, sondern die Konzeption ist nunmehr, die Quarter Horse-Zucht sich selbst tragen zu lassen. Mit der Entwicklung der Cutting Horse-Industrie und den damit verbundenen Preisen (sowohl Preisgeldern als auch Preisen für Cutting Horses) ist es lohnend, erstklassige Cow Horses auch zum Verkauf zu züchten. Die beiden Super-Cutting-Hengste der Ranch, Mr. San Peppy und sein Sohn Peppy San Badger, genannt Little Peppy, stehen auch für auswärtige Stuten zum Decken zur Verfügung. Mr. San Peppy ist ein Sohn von Leo San und aus der Peppy Belle. Peppy Belle ist von einem auf der King Ranch gezogenen Hengst.

Peppy, von Little Richard von Old Sorrel, geb. 1934 und von vielen für das beste Quarter Horse seiner Zeit gehalten

Die Zuchtstutenherde der King Ranch ist über 350 Kopf stark. Sie beweidet, zusammen mit 60.000 Mutterkühen, 825.000 Acres (über 333.860 ha) King Ranch-Land. Die Ranch hat 400 Arbeiter und Angestellte, 1200 Pferde und ist von 500 Meilen Außenzaun umgeben. Diese Zahlen, so eindrucksvoll sie sind, geben den Charakter und die Bedeutung der Ranch nicht wieder — es gibt noch größere amerikanische Ranches. Das Besondere an der King Ranch ist die Kontinuität, mit der sie seit Generationen betrieben wird, ihre Erfolge in der Zucht von Pferden und Rindern,

aber auch z. B. ertragreicheren und genügsameren Futtergräsern. Die Tatsache, daß das Gros ihrer Arbeiter aus mexikanischen Familien besteht, die auf ihr seit Generationen ansässig sind, d. h. seit Captain Kings Zeiten, der dies in weiser Voraussicht so eingeführt hatte, ist auch etwas Besonderes. Während Cowboys normalerweise viel herumziehen und durch den ganzen Westen wandern, mal auf dieser, mal auf jener Ranch arbeiten, sind die Kinenos seßhaft. Sie wissen, daß sie eine Familie ernähren können und auch, daß im Alter für sie gesorgt ist.

V

Jeder, der ein wenig Zeit und Mühe aufwendet, wird finden, das Quarter Horses überall im Lande und in allen Staaten des Westens gezüchtet werden.

Sie werden immer populärer und erzielen heute höhere Preise als je zuvor. Es wird nicht mehr lange dauern, und die Züchter werden einen Zuchtverband gründen und ein Stutbuch führen. Schließlich ist das Pferd, das sie züchten, älter als der Vollblüter und von seinem Blut ist freizügig Gebrauch gemacht worden bei der Schaffung aller modernen amerikanischen Pferderassen.

Es war zu erwarten, daß die große Zeit dieses großartigen Pferdes einmal kommen würde.

Bob Denhardt, 1939

„Hallo Lee! Bob hier – wie geht's denn so?"
„Mir geht's gut Bob, von wo rufst du an?"
„Well, ich bin hier in Wichita Falls. Bin auf dem Weg nach Colorado, will mal sehen, ob ich da nicht Näheres über Peter McCue herausfinden kann. Und dann besuche ich noch Jack Casement oben im Unaweep. Alles was ich tun will, ist praktisch 12 Stunden täglich Quarter Horses zu sehen, zu reiten und drüber zu fachsimpeln."
„Ich will dir was sagen, wenn ich zwei Bedingungen stellen kann, komme ich mit..."
„Und die wären?"
„...well, ich brauche 15 Stunden Quarter Horse pro Tag und 15 Minuten, um mich fertigzumachen."

So oder ähnlich wird das Telefonat verlaufen sein, als Robert Moorman Denhardt in den dreißiger Jahren den engagierten Quarter Horse-Züchter Lee Underwood aus Wichita Falls in Texas angerufen hatte. Es sollte sich übrigens herausstellen, daß beide ihren Bedarf an „Quarter Horse pro Tag" noch unterschätzt hatten.

Bob Denhardt war im Begriff, eine Idee zu verwirklichen, die ihn gepackt hatte und nicht mehr losließ: die Gründung eines Zuchtverbandes für Quarter Horses. Denhardt sollte sich als der Mann erweisen, durch dessen Enthusiasmus und beharrliches Streben das Realität wurde, was William Anson über drei Jahrzehnte vor ihm schon als notwendig und zukunftsträchtig gesehen hatte. Er trat gewissermaßen in Ansons Fußstapfen und führte aus, was jener zwar als erforderlich und lohnend erkannt, aus welchen Gründen auch immer aber nicht realisiert hatte.

Während seines Studiums an der University of California in Berkeley waren dem pferdebegeisterten Denhardt immer wieder Legenden über ein Pferd namens Steel Dust oder eine Zuchtrichtung von Steel Dust-Pferden untergekommen, und weder er noch einer seiner Freunde – darunter auch Paul Albert, der Gründer des Western Horseman und Luis Ortega, der später als Rawhide-Flechter berühmt wurde – wußte irgendetwas Genaues über dieses Pferd bzw. diese Pferde. Bevor er 1937 nach Texas an die A&M University ging, versprach er Paul Albert, etwas über Steel Dust herauszufinden und einen Artikel darüber für seine gerade ins Leben gerufene Zeitschrift zu schreiben.

Auf seinem Weg nach Texas besuchte er Dan und Jack Casement in der Nähe von Whitewater, Colorado, da diese die einzigen seiner Bekannten waren, die Steel Dust-Pferde züchteten. Bald kam er in Kontakt mit allen alten, wichtigen Züchtern im Westen, wie Coke Roberds, Ott Adams, George Clegg, Coke Blake und Billy Anson (durch dessen Frau, Anson selbst war ja schon tot). Die meisten dieser Männer hatten schon seit der letzten Hälfte des vorigen Jahrhunderts diese Pferde gezüchtet und taten dies – Anson ausgenommen – immer noch. Er lernte auch Helen Michealis kennen, die ebenfalls Quarter Horses auf ihrer Ranch in Mexico und in der Big Bend-Gegend in Texas züchtete und eine eifrige

Sammlerin alles Informationsmaterials über Quarter Horses und Quarter Horse-Blutlinien war, dessen sie habhaft werden konnte.

Einige der Rancher zeigten Interesse für einen Zuchtverband, wie Denhardt ihn sich bald vorstellte. Sie alle hatten Pferde, die auf eine Handvoll von Linienbegründern zurückgingen, wie Steel Dust, Billy, Traveler, Peter McCue oder Joe Bailey. Aber vielen war nicht klar, daß es andere Züchter in anderen Gegenden und Staaten gab, die ähnlich gezogene Pferde besaßen, daß es also eine breite Basis von gleichartigen Pferden überall im Westen gab, die in ihrer Gesamtheit durchaus als Rasse angesprochen werden konnte.

Lee Underwood und ein weiterer Rancher und Öl-Mann aus Texas, Jack Hutchins, waren diejenigen, die Denhardt in seinen Bemühungen am tatkräftigsten unterstützten. Denhardt arbeitete eine Satzung aus und versandte diese an 35 aktive Züchter in Texas, Oklahoma, Kansas, Colorado, Wyoming, New Mexico und Arizona, zusammen mit einer Einladung, sich auf der Fort Worth Fat Stock Show im März 1939 zu treffen. Leider fehlten bei diesem ersten Meeting zu viele wichtige Persönlichkeiten, so daß – außer viel Gerede – nichts erreicht wurde.

Beim zweiten Anlauf im nächsten Jahr verschickte Denhardt 60 Briefe und telefonierte zusätzlich mit den wichtigsten Leuten, wie den Casements, Bob Kleberg, Ernest Browning, Hugh Bennett, Bert Benear und den Michaelis. Andere suchte er persönlich auf, wie Jack Hutchins, Lee Underwood, George Clegg, L. B. Wardlaw, Bill Warren und Jim Hall. Am 15. März 1940 fand das zweite Treffen, die Gründungsversammlung der American Quarter Horse Association, statt. Etwa 75 Personen waren anwesend, von denen 33, aus sechs verschiedenen Bundesstaaten und aus Mexico, Mitglieder wurden. Der erste Vorstand, der gewählt wurde, setzte sich aus Bill Warren (Präsident), Jack Hutchins (1. Vizepräsident), Lee Underwood (2. Vizepräsident), Jim Hall (Schatzmeister) und Robert Denhardt (Geschäftsführer) zusammen.

Bis zur Verfassung der Satzung für den zu gründenden Zuchtverband hatte man noch keinen Namen für die „neue" Rasse gefunden. Jack Casement hatte in verschiedenen Magazinen Artikel veröffentlicht, in denen er die Gründung eines Stutbuches für Steel Dust-Pferde anregte. Die Casements nannten ihre Pferde „Steel Dusts". George Clegg und Ott Adams nannten sie „Billys". Bob Denhardt hatte für den frischgebackenen Western Horseman einen Artikel geschrieben, in dem er darlegte, wie fast alle diese Pferde von Billy, Rondo, Peter McCue usw. gemeinsame Vorfahren hatten und worin er ausführte, daß sie alle ihren Ruhm auf den „Quarter Tracks", den Kurzrennstrecken erworben hatten. Er schlug darum den Namen „Quarter Horse" vor, mit dem weder er, noch Casement oder Hutchins glücklich war, der aber einen Kompromiß darstellte, auf den man sich einigen konnte.

Bill Warren war ein Rancher aus Hockley, Texas und hatte zu der Zeit eine gutentwickelte Quarter Horse-Zucht. Er gebrauchte Billy-Hengste, deren Blut noch heute gefragt ist, u. a. Pancho, Cucuracha und Alazan.

Jack Hutchins vom Shanghai Pierce Estate war ein humorvoller und vernünftiger Mann, der immer die rechten Worte fand, wenn die Versammlungen zu hitzig und gar chaotisch wurden, um alle wieder zur Besonnenheit zurückfinden zu lassen. Er

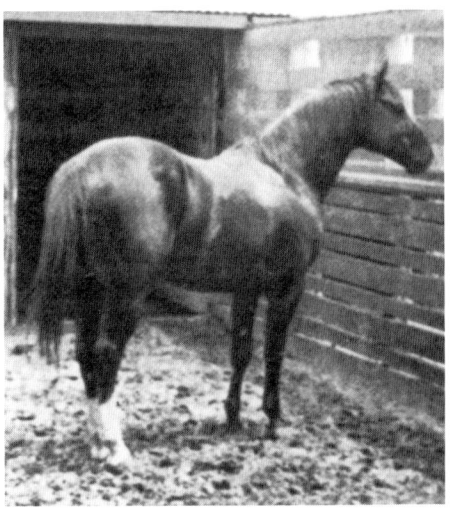

Dutch McCue von Jack McCue von Peter McCue. Er war von Lee Underwood gezogen und ist ein gutes Beispiel dafür, wie Peter McCue sich vererbt hat

bestand darauf, daß seine Pferde erst eingetragen wurden, nachdem alle anderen, die wollten, an die Reihe gekommen waren. Deshalb sind die letzten 44 Eintragungen im ersten Stud Book seine Pferde.

Lee Underwood hatte auch schon viele Jahre Quarter Horses gezüchtet, bevor die AQHA gegründet wurde. Auf seiner Ranch sah Denhardt zum ersten Mal gute Stuten im Quarter-Typ in großer Zahl. Damals bedeuteten Pedigrees nicht viel und Conformation praktisch alles. Über Underwoods Corral-Zaun hing ein Schild: „*Good Horses Like Good Men Have Good Mothers* – Gute Pferde haben, wie gute Menschen, gute Mütter".

James G. „Jim" Hall war aus dem Osten und mit Quarter Horses zum ersten Mal auf den Burnett Ranches in Kontakt gekommen, wo ihm die große Einheitlichkeit im Typ der Pferde aufgefallen war. Nachdem ihm erklärt wurde, es handele sich um Quarter Horses, versuchte Hall, mehr über diese Pferde zu erfahren, ein Interesse, das ihn später einen ausgezeichneten Artikel über das koloniale Quarter Horse für die erste Ausgabe des Quarter Horse Journals schreiben ließ. Die Burnett-Pferde stammten entweder von Joe Bailey of Weatherford oder Peter McCue ab. Gründerhengste waren Joe Hancock, Rainy Day, Gold Rush und Roan Hancock. Alle Stuten wurden in der Herde gedeckt und nur durch Nummern identifiziert.

Die Eintragung oder Registrierung der Pferde, mit der nun begonnen werden konnte, war keine leichte Aufgabe. Hutchins, Underwood und Denhardt hatten viel Mühe darauf verwandt, in die Satzung der AQHA Richtlinien einzuarbeiten, die es gewährleisten sollten, daß nur echte Quarter Horses registriert werden konnten. Dazu mußten sie eine Rassebeschreibung verfassen, die Quarter Horse-Charakteristika definierte und, neben der Abstammung, bei der Inspizierung für die Eintragung maßgebend sein sollte. Sie lautete folgendermaßen:

KOPF:

Der Kopf des Quarter Horses spiegelt lebhafte Intelligenz wieder. Das geschieht durch seinen kurzen, breiten Kopf mit kleinen „Fuchsohren" und seine weit auseinanderliegenden freundlichen Augen und große, sensible Nüstern über einem kurzen, festen Maul. Stark ausgeprägte Kinnbacken (Ganaschen) geben den Eindruck großer Kraft.

HALS:

Der Kopf des Quarter Horses ist in einem nahezu 45 Grad betragenden Winkel angesetzt, mit klar ausgeschnittener Kehle zwischen Kinnbacken und Halsmuskeln (Ganaschenfreiheit). Der mittellange, leicht gebogene, volle Hals geht glatt und gleichmäßig in die schräge Schulter über.

SCHULTER:

Die ungewöhnlich gute Sattellage des Quarter Horses entsteht durch seinen mittelhohen, aber gut ausgeprägten Widerrist, der weit in den Rücken hineinreicht und mit tiefen, schrägen Schultern verbunden ist, so daß der Sattel in guter Position für ein balanciertes Reiten gehalten wird.

BRUST UND VORDERBEINE:

Das Quarter Horse ist tief und breit in der Brust, mit viel Gurttiefe und weit auseinanderstehenden kräftigen Vorderbeinen, die gut in die Schulter übergehen. Die klaren Gelenke und sehr kurzen Röhren sitzen auf trockenen Fesselgelenken, und die mittellangen Fesseln sind von gesunden Hufen getragen. Der kraftvoll bemuskelte Forearm (Unterarm) verjüngt sich zum Knie (Vorderfußwurzelgelenk), sowohl von vorn, als auch von der Seite betrachtet.

RÜCKEN:

Der kurze Sattelrücken des Quarter Horses ist durch kurzen Schluß zur Hinterhand charakterisiert und besonders voll und stark bemuskelt in der Nierengegend. Der Rumpf ist tief, bei guter Rippenwölbung bis zu den Hüftgelenken, und die Unterlinie verläuft gerade zu den Flanken hin (ist nicht aufgezogen).

HINTERHAND:

Die Hinterhand ist breit, tief und schwer, von hinten oder der Seite gesehen, und die Bemuskelung ist voll, vom Oberschenkel über das Knie und den Gaskin (Wadenmuskel) bis hinunter ins Sprunggelenk. Das Hinterbein ist innen wie außen bemuskelt. Alles zusammen läßt die große Schubkraft des Quarter Horses erkennen. Von hinten betrachtet, haben wir viel Breite von der Kruppe, über das Knie bis zum Gaskin. Die Sprunggelenke sind breit, tief, gerade und trocken.

KNOCHEN; BEINE UND HUFE:
Die flachen, trockenen und harten Knochen sind frei von jeder Schwammigkeit oder Galle und lassen doch viel Substanz erkennen. Der Huf ist gut gerundet und geräumig, mit besonders tiefem, offenem Ballen.

STAND:
Das Quarter Horse hat normalerweise im bequemen Stand seine Beine gut unter sich; dies erklärt seine Fähigkeit, sich schnell in jede Richtung zu bewegen.

AKTION:
Das Quarter Horse ist in seinen Bewegungen in natürlicher Versammlung und wendet und stoppt mit auffälliger Leichtigkeit und Balance, dabei die Sprunggelenke stets gut untersetzend.

Diese Richtlinien sollten zukünftigen Richtern und Inspekteuren, die nicht mit Quarter Horses aufgewachsen waren, ermöglichen, diese Pferde richtig zu beurteilen. Die Vorstellung war, daß 99 Prozent aller Pferde, die eingetragen wurden, diesen Anforderungen entsprechen sollten, wobei man willens war, bei Pferden, die außergewöhnlich gute Leistungen brachten, Ausnahmen zu machen, falls diese gebäude- oder abstammungsmäßig zu wünschen übrig ließen. 99 Prozent sollten in Confor-

mation, Abstammung und Leistung dem Standard entsprechen, aber bei überragenden Individuen sollte eine Ausnahme gemacht werden, wenn sie einer der drei Anforderungen nicht gerecht wurden.

Hauptkriterium für die Leistungsfähigkeit sollte sein, als Cow Horse, also im Cutting oder Roping, besser als Durchschnitt zu sein. War ein Pferd dafür nicht ausgebildet, so sollte es sich durch Speed über eine Distanz von 200 oder 300 Yards qualifizieren können.

Damals rechnete man nicht damit, daß die AQHA je mehr als ein bescheidener Zuchtverband sein würde. Man erwartete, vielleicht 300 Pferde in Texas finden zu können und im ganzen Land vielleicht tausend, die dem geforderten Typ entsprachen. Diese relativ niedrigen Zahlen entmutigten niemanden, sah man sich doch als eine Interessengemeinschaft, die eine fast ausgestorbene Rasse vor dem gänzlichen Verschwinden retten wollte und nicht als ein Zuchtverband, welcher die reitende Bevölkerung mit All-round-Pferden zu versorgen gedachte. Man wußte, daß das Quarter Horse das ideale Cow Pony war, aber selbst Cow Ponies schienen in den dreißiger Jahren wenig gefragt zu sein.

James H. „Jim" Minnick war der erste autorisierte Inspekteur der AQHA. Er war ein Horseman durch und durch, auf einer Ranch in Texas geboren, lebte vom Pferdegeschäft sein Leben lang, World Champion Steer Roper, Freund von Will Rogers, erreichte sein Ziel, einmal 1000 Pferde zu besitzen, bereits im Alter von 27 Jahren, Jockey, Polospieler, Short Horse Man, Pferdeeinkäufer für die Army und, um mit Denhardts Worten zu sprechen, „wahrscheinlich der größte Kenner von Stock

Horses und Gebrauchspferden, der je lebte". Er liebte einen gewissen Vollblutanteil in seinen Pferden und nannte sich deshalb einen „Half Breed Man", im Gegensatz zu den „Bulldog Men" (der alte Quarter Horse-Typ wurde gern als Bulldog-Typ bezeichnet). Kein Wunder, daß Minnick einen erheblichen Einfluß auf den Typ des modernen Quarter Horses hatte und daß dieser in Richtung von mehr Vollblut-Charakteristika ging, ein Einfluß, der mit den Jahren an Bedeutung zunahm.

Denhardt reiste Tausende von Meilen mit Minnick, um Quarter Horses zu inspizieren. Minnick richtete Hunderte von Quarter Horse Shows und machte sich, nach Denhardt, keinen einzigen Feind.

Gleich von Beginn an, als man ernsthaft an die Registrierung heranging, wurde es klar, daß man in zwei Auffassungen gespalten war: die einen wollten die Registrierung großzügig gehandhabt wissen, die anderen streng. Es wurde aber klar, daß es nicht mehr allzu viele echte Quarter Horses gab, wohl aber eine Reihe von Pferden mit Quarter Horse-Blut. Man wurde sich einig darüber, daß es wohl notwendig sei, eine Anzahl der letzteren zu akzeptieren. Die nicht rein gezogenen sollten nur mit schwerbemuskelten, abgedrehten, reinblütigen Steel Dusts gepaart werden. Wer keine reinblütigen Stuten hatte, aber einen entsprechend guten Hengst, würde erfolgreich den gewünschten Typ züchten können. Tat er das nicht, würde er nicht das Pferd produzieren, das zu erhalten die AQHA gegründet worden war.

Anfangs waren besonders Lee Underwood, Jack Hutchins und Bob Denhardt gegen diese Konzeption, aber Jim Hall, Jim Minnick und Bill Warren machten klar, daß viele Züchter kaum im Geschäft würden

bleiben können, wenn sie nicht ihre Partbred-Stuten verwenden konnten, und daß auch die AQHA unter den Umständen nicht wirtschaftlich arbeiten können würde. Schließlich lenkten die Verfechter der Reinzucht ein unter dem Eindruck, daß es sich um einen vorübergehenden Kompromiß handele. Die Zeit sollte aber zeigen, daß diese Maßnahme, einmal eingeführt, nicht mehr rückgängig zu machen war.

Bestandteil dieser Kompromißregelung war, daß hinter die Nummer eines jeden Pferdes bei der Eintragung ein Buchstabe gesetzt wurde. Ein „A" erhielten die Pferde, welche den Anforderungen voll entsprachen, ein „B" jene, deren Blutlinien oder Conformation etwa ein Viertel Fremdblutanteil aufwiesen. Mit einem „C" hinter der Registrationsnummer wurden die Pferde gekennzeichnet, die nur etwa zur Hälfte Quarter Horse-Blut hatten. Die Absicht war auch, etwaiges Fremdblut auf Vollblut zu beschränken, was sich aber in der Praxis nicht strikt durchführen ließ.

So hatten die ersten registrierten Quarter Horses alle einen Buchstaben hinter ihrer Nummer, der von dem Inspekteur, der das Pferd zur Eintragung akzeptiert hatte, vorgeschlagen wurde. Denhardt, als Geschäftsführer und Stutbuchführer, prüfte dann die Abstammung, und dann entschied das Executive Committee aufgrund der Abstammung, des Berichtes des Inspekteurs und der geforderten vier Fotos über die Eintragung bzw. die Klassifizierung durch den entsprechenden Buchstaben.

Durch die Klassifizierung in A-, B- und C-Pferde wurde es dem Komitee zwar ermöglicht, sich besser über die Eintragung der Pferde zu einigen, aber es wurde damit auch das Konzept festgeschrieben, das die AQHA zu dem gemacht hat, was sie heute ist. Hätte man diesen Kompromiß, auch Pferde von nicht reinem Quarter Type zu registrieren, nicht geschlossen, wäre die AQHA wohl nie zum größten Zuchtverband einer Haustierrasse auf Erden geworden.

Hierzu möchte ich noch einmal Robert Denhardt zitieren:

„Einige dieser Richter (gemeint sind solche, die nicht von der AQHA autorisiert waren) waren gut, andere waren schlecht. Sie plazierten entweder einen „C-Typ", oder sie wählten widerristlose, fette Specktypen. Weder die einen, noch die anderen waren gute Quarter Horses, und die Öffentlichkeit war zu recht irritiert. Der „C-Typ" ist heute der allgemein gewünschte Typ, so daß es diese Verwirrung nicht mehr gibt. Das entspricht bei weitem nicht der Zielsetzung der Gründer der Association, aber es repräsentiert den Willen der Mehrheit der Mitglieder."

Man muß Robert Denhardt bewundern, der gleich von der Zeit an, wo er seine Idee von einer Breed Association für Quarter Horses verwirklicht sah, mitansehen mußte, wie dieses Brain Child von ihm sich selbständig machte und in eine Richtung entwickelte, die im Widerspruch zum ursprünglichen Zweck des Ganzen stand, der dennoch nicht resignierte, sich dem Willen einer Mehrheit beugen konnte und der Sache nicht den Rücken kehrte, vielmehr sein ganzes Leben für das Quarter Horse stritt und die Erste Autorität in Sachen Quarter Horse geblieben ist.

Im ersten Jahr nach der Gründung bereiste Denhardt, oft zusammen mit Jim Minnick, den gesamten Westen, um Pferde zu fotografieren und zu beurteilen und um Pedigree-Informationen von Foundation-Blutlinien Stück für Stück, wie bei einem Puzzle, zusammenzufügen. Es ging zur King Ranch, wo sie Old Sorrel, der damals allgemein nach seinem Züchter „George Clegg" genannt wurde, und Pferde wie Ada Jones, Lady of the Lake, Wimpy und Chicaro (TB) sahen. Dann ging es weiter nach New Mexico, wo sie von Milo Burlingame viel Neues über Peter McCue erfuhren, die Zuchten von Ed Springer und Warren Shoemaker sahen und in Raton zwei damals noch Unbekannte beim Rennen beobachteten: Question Mark und Shue Fly. Question Mark gewann das Rennen. Dann ging's nach Colorado, zu Jack Casements Ranch im Unaweep Canyon bei Whitewater, wo Denhardt Red Dog bei der Rinderarbeit reiten durfte. Andere Züchter in Colorado, die sie aufsuchten, waren Coke Roberds und Marshall Peavy. Denhardt ging dann nach Californien, besuchte weitere Züchter und auf dem Rückweg in Arizona Ernest Browning und sah seinen Billy Byrne. Dann sah er Tony bei W. D. Wears, während Minnick in New Mexico die Baca, Hepler, Mitchell, Sears, Thompson und Zurrick Ranches aufsuchte.

Jim Minnick schickte mehr Registrierungsanträge, als Bob Denhardt bearbeiten konnte. Geordnete Unterlagen über Abstammungen existierten nicht, und die meisten Pedigrees hatte Denhardt im Kopf und auf handschriftlichen Notizen. Das änderte sich erst, als Helen Michaelis 1942 Geschäftsführerin wurde. Sie war die einzige Frau, die während der Gründungsjahre einen wirklichen Beitrag für den Verband geleistet hatte. Schon bei der Gründungsversammlung wurde sie als einer der Directors gewählt, was keine kavaliersmäßige Geste war, sondern in der nüchternen Erkenntnis geschah, daß sie für den Verband Wertvolles zu leisten imstande war.

Als die erste Jahreshauptversammlung 1941 anstand, waren rund 1000 Pferde für das Register akzeptiert worden. Einige wollten bereits das endgültige Stutbuch einrichten, was aber aufgeschoben wurde. Zum Knall kam es während und nach der Quarter Horse Show im alten Fort Worth Coliseum, wo Jim Minnick Margie, die nur als C-Typ eingestuft werden konnte, als Champion Stute plazierte!

Die ganze Zeit über hatte der Konflikt geschwelt, der durch den A, B, C-Kompromiß nur verschleiert worden war: würde der langbeinigere, vollbluthafte Typ für die permanente Registrierung akzeptiert werden oder nicht? Obwohl sie es damals noch nicht ahnten, hatten die Verfechter des geraden und engen Pfades der strikten Reinzucht im Grunde keine Chance mehr. Ein fantastischer Markt für Quarter Horses war plötzlich entstanden. Käufer aus anderen Staaten kamen in Scharen nach Texas, um alles zu kaufen, was eine Registrationsnummer hatte, von denen die meisten noch nie ein Quarter Horse gesehen hatten und auch nicht wußten, wie eins auszusehen hatte – paradiesische Zustände für Pferdehändler. Entsprechend war der Druck, der auf die Offiziellen des Verbandes ausgeübt wurde, alle möglichen Pferde zu registrieren, auch wenn sie nur entfernt in Abstammung und Conformation einem Quarter Horse entsprachen.

Da Margie definitiv eine C-Stute war und C-Stuten nur Breeding Stock, Ausgangsmaterial stellen sollten, waren viele zu recht der Ansicht, Margie hätte nicht Siegerstute werden dürfen. Die Flammen der Empörung und Ereiferung schlugen hoch, der Krach war da. Der junge Verband sollte noch einige mehr erleben, von denen jeder so schlimm war, daß keine Steigerung mehr möglich schien. Jim und Anne Hall gaben eine große Party in jener Nacht, das Problem wurde durchdiskutiert und die A, B, C-Klassifizierung eliminiert. Kein Pferd wurde daher mit einem A, B oder C hinter der Nummer im endgültigen Stud Book eingetragen.

Die Eintragungsgebühren reichten bald aus, die Association zu finanzieren. Der Zulauf an Mitgliedern war überhaupt nicht vorhersehbar gewesen und völlig unerwartet. Das Interesse an Quarter Horses wuchs rapide.

1941 konstituierten sich auch zwei Verbände, die das Short Racing fördern wollten, von denen sich die Southern Arizona Horse Breeders Association unter der Führung von Melville Haskell als der erfolgreichere erwies. Tucson wurde zur Hauptstadt der Short Racing-Welt. Die entscheidenden Rennen wurden zusammen mit der Tucson Livestock Show veranstaltet, und World Champion Quarter Horse Races wurden durchgeführt. Dort gelangten Pferde wie Clabber, Shue Fly, Joe Reed II, Red Man, Nobodies Friend, Painted Joe, Blueberry Hill, Little Joe Jr., Pay Dirt, Rosalita, 803 Babe, Bartender, Noo Music, Golden Slippers, Idleen und Jeep zu Ruhm.

1941 komplettierte Denhardt die erste Ausgabe des Quarter Horse Stud Books und sein erstes Buch „The Quarter Horse", dem viele weitere folgen sollten. Helen Michaelis löste ihn 1942 als Geschäftsführer ab. Die nächsten Jahre waren turbulent, der 2. Weltkrieg war im Gange, und die Möglichkeiten der Inspekteure zu reisen waren eingeschränkt. Der enorme Zuwachs der Association brachte Probleme mit sich. Von den Idealen ihrer Gründer hatte sie sich weitgehend gelöst. Wie Denhardt es formulierte: „Nichts, was so schnell wächst, wie die AQHA es tat, kann von Wachstums-

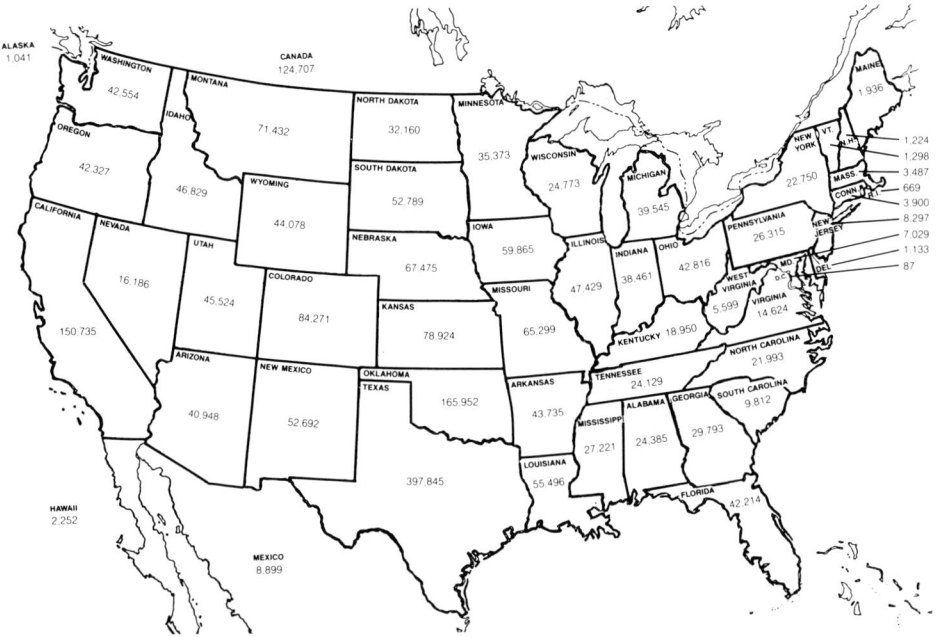

Quarter Horse Population Stand Dezember 1985

2.185.651 in 50 Bundesstaaten
139.231 in anderen Ländern

schmerzen verschont bleiben". Es konnte nicht erwartet werden, daß die ursprünglichen Vorstellungen der Gründer beibehalten würden. Die Association war von Ranchern und verwandten Seelen ins Leben gerufen worden, um das großartigste Cow Horse zu verewigen, das die Welt ihrer Meinung nach kannte und das zugleich blitzschnell über die kurze Distanz war. Was entstand, ist ein riesiges Unternehmen, ein Gigant der Pferdeindustrie, mit vielen Facetten, vielen Bereichen, in denen Pferdeliebhaber unterschiedlichster Ausrichtungen Erfüllung finden.

Im Januar 1943 waren fast 2000 Quarter Horses registriert, und noch einmal halb so viele Anträge lagen unbearbeitet in den Schubladen. 55 Inspekteure reisten wie Bienen durch acht Staaten, aber Mitglieder in sechzehn Staaten wollten bedient sein. So viele reine Steel Dust-Pferde konnte es gar nicht geben, aber die vielen Menschen, die mit Enthusiasmus solche züchten wollten, durften nicht einfach ignoriert werden.

Die AQHA war dabei, das Quarter Horse zum populärsten Pferd der Welt zu machen.

Heute ist die AQHA der größte Pferdezuchtverband der Welt, ja, der größte Zuchtverband einer Haustierrasse schlechthin. Im Jahr vor der Drucklegung dieses Buches, 1985, waren knapp 2,5 Millionen Quarter Horses bei der AQHA ein-

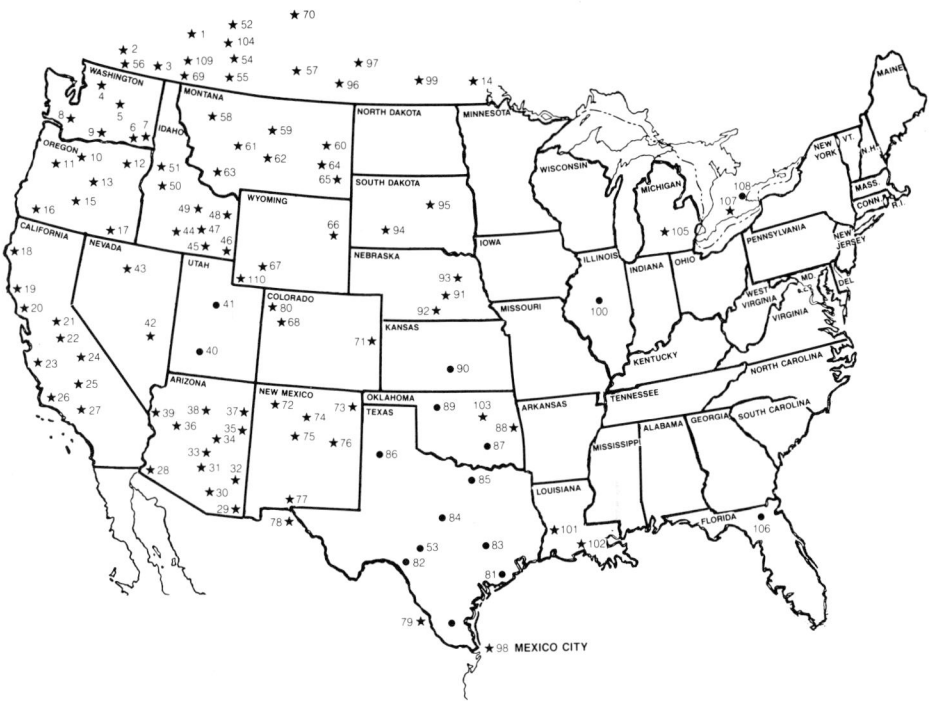

Anerkannte Quarter Horse Rennbahnen

getragen. Im selben Jahr zählte die AQHA rund 157.000 Mitglieder in den Vereinigten Staaten, Canada und 61 anderen Staaten der Erde. Jährlich kommen etwa 150.000 Quarter Horses als Neueintragungen dazu.

Über 2000 AQHA-anerkannte Shows finden jährlich statt, 1985 z. B. waren es 2528, mit über 745.000 Startern. Die jährlich stattfindende World Championship Show in Oklahoma City, Oklahoma pflegt 2000 Starter zu haben. Auf über 100 offiziellen Tracks in USA und Canada finden Quarter Horse-Rennen über Distanzen von 220 bis 870 Yards statt. Die schnellste Zeit über die klassische Distanz der Viertelmeile (440 Yards) ist zu diesem Zeitpunkt 21.02

Sekunden und wurde 1973 von Truckle Feature gelaufen.

Das höchstdotierte Pferderennen der Welt ist ein Quarter Horse-Rennen, die All-American Futurity, die jährlich auf den Ruidoso Downs in Ruidoso, New Mexico stattfindet. Dieses Race geht über die Viertelmeile und ist mit 2,5 Millionen Dollar dotiert. Rund 60 Milliarden Dollar an reinen Gewinngeldern wurden 1985 in Quarter Horse-Rennen vergeben.

Die AQHA hat ihr Verwaltungsgebäude in Amarillo, Texas. Monatlich bringt sie das Quarter Horse Journal heraus, ein „Wälzer" von meistens etwa 600 Seiten, der aber gelegentlich auch über 1000 Seiten stark ist.

Neben einer Flut von Anzeigen enthält das Quarter Horse Journal aktuelle Berichte, Historisches sowie Artikel über Quarter Horse-Zucht, Quarter Horse-Züchter und -Trainer, über alle Sparten der Westernreiterei und des Quarter-Rennens, Equipment, Wichtiges und Neues aus der Veterinärmedizin und vieles andere. Die AQHA finanziert ständig Studien und Forschungsarbeiten an Universitäten über Fütterung, Kolik, Krankheiten, Lahmheiten und generelle Pferdehaltung. Die Resultate werden in Form von Artikeln im Quarter Horse Journal veröffentlicht.

Über dreißig verschiedene Filme und Videobänder über verschiedene Aspekte des Quarter Horse-Bereiches, von der AQHA produziert, können von ihrer Bibliothek kostenfrei ausgeliehen werden.

Die AQHA heute – eine Institution, die ihre Aufgaben im Bereich der Registrierung und Stutbuchführung, der Bearbeitung von Transfers und der Verarbeitung von Show- und Renndaten nur durch den Einsatz modernster Computer bewältigen kann, Urheber und Schaltzentrale eines Equiden-Imperiums, der Multi-Milliarden-Dollar-Quarter Horse-Industrie.

VI

*Short Racing würde nie wieder sein, was es einmal war. Es war jetzt schier blendender Speed.
In der Tat, nach *Janus mußten dessen Nachkommen gegeneinander antreten.
Sie hatten nicht ihresgleichen.*

Das koloniale Short Distance-Pferd oder Quarter Horse war, wenn nicht als Rasse im heutigen Sinne, als ein Pferdeschlag oder -typ vorhanden, bevor das Englische Vollblut auf seine Zucht Einfluß nehmen konnte, ja, bevor es überhaupt als Rasse existierte. Das erste von England importierte Pferd, dessen Einfluß von Bedeutung war, war *Janus. Seine Nachkommen waren nicht nur von bis dahin nicht dagewesenem Speed, sondern auch von nicht gekannter Uniformität. Daß sie immer wieder mit ihm oder untereinander gepaart wurden – bis zu sechs Generationen direkter Inzucht, ohne daß eine Generation übersprungen wurde, sind belegt – trug zur weiteren Festigung des Erscheinungsbildes, des Speeds und der Vererbungskraft dieser Pferde bei.

Als man später die ersten Vollblüter importierte, wurden diese über kurze Distanzen von den Quarter-of-a-Mile-Running Horses geschlagen, vor allem aufgrund ihres blitzartigen Startvermögens, was ziemlich deprimierend für die Importeure der teuren Windhunde des englischen Turfs gewesen sein muß.

Von 1809 an wurden die Vollblutrennen nach neuen Regeln durchgeführt, die auf längere Distanzen und leichtere Gewichte ausgerichtet waren. Absolute Schnelligkeit sollte gefördert werden; die Fähigkeit, dabei größeres Gewicht zu tragen und das den größten Teil des Tages lang, wurde nicht mehr als wesentlich gesehen. Das besiegelte die endgültige Trennung beider Zuchtrichtungen, der Quarter Running Horses und der Thoroughbreds.

Wie aus den ersten amerikanischen Stutbüchern ersichtlich ist, fand eine beachtliche Portion Quarter-Blut Eingang in die Zucht des amerikanischen Vollblüters. Viele meinen, das Quarter Horse sei nur ein Ableger des Vollbluts – im Gegenteil entstand die amerikanische Vollblutzucht unter Mithilfe der Quarter Horses.

In den ersten beiden Bänden des Studbooks von Bruce (The American Studbook,

N. Y., 1873) sind viele Pferde enthalten, die in Edgars Studbook (The American Race-Turf Register, N. Y., 1833) noch als Quarter Horses verzeichnet sind. Insgesamt führt Edgar rund 70 Pferde auf, die den Zusatz C.A.Q.R.H. (Celebrated American Quarter Running Horse), F.A.Q.R.H. (Famous American Quarter Running Horse) oder C.A.Q.R.M. (Celebrated American Quarter Running Mare) haben! Diese Pferde sind jeweils mit ihrer Abstammung und zusätzlichen Bemerkungen über ihre Meriten eingetragen. Noch heute ist der amerikanische Vollblüter eher ein Sprinter denn ein Steher. Und wahrscheinlich verdankt er auch in punkto Gesundheit und Robustheit einiges seinen Quarter Horse-Vorfahren.

In späteren Jahren hat natürlich das Vollblut einen beachtlichen Beitrag zur Entwicklung, Ergänzung und Verbesserung der Quarterzucht geleistet, und das Quarter Horse wäre heute nicht, was es ist, ohne den Anteil des Vollblüters.

Es gibt auch Leute, die argumentieren, Morgans hätten Wesentliches zur Rasse Quarter Horse beigetragen. Dafür gibt es in der Tat konkrete Hinweise. Ebenso schlüssige Anhaltspunkte gibt es aber dafür, daß Justin Morgan, der Begründer der Morgan Rasse, selbst nichts anderes als ein Quarter Horse war.

Im Herbst 1794 reitet ein Mann über die holperige Straße der Cumberland Schlucht nach Kentucky hinein. Er blickt sich öfter verstohlen um, denn diese Road ist stark frequentiert, ist sie doch der einzige bequeme Paß durch die Allegheny Mountains zwischen den Atlanta- und Hudson-Mohawk-Tälern, direkt wo Vir-

ginia, Tennessee und Kentucky aneinander grenzen.

Die Weste des Mannes ist, wie man so sagt, nicht ganz sauber. Denn die Stute, die er reitet, hat er im Powhatan County in Virginia gestohlen. Es blieb ihm aus bestimmten Gründen keine andere Wahl, als möglichst rasch und unauffällig zu verschwinden. Weshalb ihm auch, da er selbst kein Pferd hatte, nichts anderes übrigblieb, als sich eins zu „borgen".

Die Stute, die der Mann, in Kentucky angekommen und in Sicherheit, dort verkaufte, hat ihm vermutlich nicht das Geld eingebracht, das sie wert war. Sie war nämlich, was er wohl nicht wußte, tragend. Und was er nicht wissen konnte war, daß das Fohlen, welches später geboren wurde, einmal als Printer, Begründer des Bulldog Types, in die Annalen der Quarter Horse-Geschichte eingehen sollte.

Printer war ein attraktiver dunkler Bay von etwa 15 Hands, mit starker Bemuskelung, feinem Knochenbau, mächtiger, aber steiler Hinterhand, niedrigem Widerist und großem Speed. Von vielen Zeitgenossen wurde er als das schnellste Pferd im Lande gepriesen, und durch seine Nachkommen, die überlegene Short Racer waren, gründete er seinen Ruf. Er war als Deckhengst begehrt, sobald seine Söhne und Töchter die Races dominierten, obwohl seine Abstammung nicht belegt war. Er galt damals als ein Sohn von *Janus, gilt aber heute als dessen Enkel. Es gibt Unterlagen, die Fleetwood als Printers Vater ausweisen. Fleetwood war ein „Double Janus", ein Sohn von *Janus aus einer Tochter von *Janus. Viele sprechen Printer zu, mehr als irgendein anderer Hengst den Bulldog Type in der Quarterzucht fixiert und verankert zu haben. Der Bulldog Type war der Maßstab, nach dem bei der Gründung der AQHA die zur Eintragung anstehenden Pferde beurteilt wurden.

Als die erste Ausgabe des Studbooks der AQHA fertiggestellt war, fand man, daß Printer wie ein roter Faden durch die Pedigrees der eingetragenen Tiere lief. Joe Bailey, Lock's Rondo, Roan Dick und vermutlich auch Cold Deck gingen auf Printer zurück. Auch Peter McCue, von dem zehn der neunzehn eingetragenen Foundation Sires abstammten, führte Printer-Blut über Dan Tucker.

*Janus, Großvater und Urgroßvater von Printer, war der erste Quarter Running Horse-Hengst von jenem Typ, den wir heute Quarter Type nennen. Seine eigenartige, auffällige Conformation, die er ebenso durchschlagend vererbte wie seinen Speed, wurde bald zum Markenzeichen des Quarter Running Horses. Seine Töchter und Großtöchter wurden ihm ohne Skrupel wieder zugeführt, und bis zu sieben Rückpaarungen zu ihm hat es gegeben. Der Hengst Terror z. B. war 13/16 *Janus. Er war ein Bay, etwa 1,46 m Stck. und soll ein überdurchschnittlich schönes und gutes Pferd gewesen sein. Die beste Beschreibung von *Janus haben wir in Edgars Studbook:

„JANUS, ein Chestnut, *sui generis*, von gedrungener Statur, etwa 14 Hands und 3/4 Inch groß, gezüchtet von Mr. Swymmer, etwa 1752 nach Virginia importiert; geboren 1746 – ,Die Nachzucht von Old Janus in Virginia und den südlichen Staaten war von charakteristischer Eigentümlichkeit in den letzten fünfzig Jahren, als gehörten sie einer anderen Spezies an. Bezüglich Kraft, Schnelligkeit und Ausdauer sind sie von keiner anderen Pferderasse erreicht worden.

Janus zeichnete sich durch große Knochenstärke und Bemuskelung aus, war abgedreht, sehr kompakt, mit gewaltiger Hinterhand und von großer Schnelligkeit; alle diese Qualitäten gab er in so perfekter Weise an seine Nachkommen weiter, daß diese sich immer noch, nach so langer Zeit, durch diese auszeichnen, und große Schnelligkeit und starke Bemuskelung finden sich immer noch in vielen Pferden, deren Pedigrees auf ihn zurückreichen... fast alle seine direkten Nachkommen waren schnelle ,Quarter Nags' (Nag = Pony, kleines Reitpferd), sie konnten keine großen Distanzen rennen. Er war der Vater einer immensen Anzahl von Short Distance Racers, Zuchtstuten und Hengsten."

*Janus war in England gezüchtet worden, sein Vater war Old Janus von Godolphin Barb (Godolphin Arabian) aus der Little Hartley Mare, seine Mutter war von Fox von Bald Galloway.

John Hervey in „Racing in America, 1665–1865" sagt dies über *Janus' „Erben":

„Dies war die erste Familie von Sprintern, die es in der Geschichte des Turfs auf der Welt gegeben hat, und fast zwei Jahrhunderte danach ist es immer noch die hervorragendste. Denn sie fixierte den Sprinter-Typ, anscheinend für immer".

Kentucky Whip war einer der großen Quarter-Renner zu Beginn des vorigen Jahrhunderts. Er war ein Sohn des aus England importierten *Whip und der Stammvater einer Sprinterfamilie, die in Kentucky großen Ruhm genoß. *Whip war von Saltram und aus einer Herod-Stute.

Kentucky Whip wurde auch Young Whip, Whip, Cook's Whip oder Blackburn's Whip genannt. Er wurde 1805 geboren, war ein sehr schönes Pferd und als Rennpferd mehr als erfolgreich. Viele aus seiner Nachzucht fanden ihren Weg nach Illinois, Tennessee, Missouri und Ohio. Söhne von ihm waren Tiger, Paragon, Whipstar, Kennon's Whip und Short Whip, der nach Illinois ging und der Harry Bluff, den Vater von Steel Dust, zeugte.

Auch Sir Archy wurde 1805, etwa 25 Jahre nach dem Tod von *Janus, geboren. Er gilt als der größte Vollblut-Vererber in der Quarter Horse-Geschichte vor Gründung der AQHA, ist aber auch nur mit Vorbehalt als Vollblüter zu bezeichnen, da es zwar den Begriff (Thoroughbred) zu seiner Zeit in England und Amerika schon gab, die eigentliche Schließung des General Stud Books für Pferde, die nicht von darin eingetragenen Eltern stammten, aber erst drei Jahre später erfolgte. Sir Archys Vater war *Diomed, seine Mutter war *Castianira, beide gingen auf Herod zurück. Sir Archy zeugte viele hervorragende Rennpferde. Seine Söhne erlangten große Bedeutung als Väter von Quarter Running Horses: Bertrand, Cherokee, Contention, Muckle John, Copperbottom, Sir Solomon und Timoleon. Sir Archy war ein Bay von für einen Sprinter unüblicher Größe von 16 Hands, und er schlug die besten Pferde seiner Zeit.

VII

Das Kurzstrecken-Rennen war immer ein „Wander"-Sport, und die besten Quarter-Running Horses waren immer unterwegs, auf der Suche nach neuen Gegnern und neuen Gewinnen. Besitzer, Trainer, Jockeys und Pferde zogen auf der Suche nach dem passenden Rennen durchs Land. Im Gegensatz dazu liefen die meisten der besseren Vollbluthengste wenige Jahre auf etablierten Racetracks, um dann in die Zucht genommen zu werden. Die guten Stuten wurden ihnen zugeführt, so daß die meisten ihrer Nachkommen in einem räumlich ziemlich begrenzten Gebiet zu finden waren. Die Quarter-Running-Hengste dagegen kamen weit herum, Rennen laufend und Stuten deckend, bis nach 10 oder 12 Jahren ihr Speed nachließ; das erklärt, warum das Blut der besseren Sprinter weithin verteilt wurde in jenen frühen Jahren.

Bob Denhardt, 1984

Copperbottom kam 1839 nach Texas. Er war nicht der erste Sir Archy-Nachkomme, der in den Lone Star State kam, noch sollte er der letzte sein. Texas Horsemen bevorzugten für lange Zeit im vorigen Jahrhundert die Kreuzung von Sir Archy- und Kentucky Whip-Blutlinien für die Zucht von Short Horses.

Steel Dust, 1843 in Kentucky geboren, entsprang auch einer solchen Anpaarung. Er war von Harry Bluff von Short Whip, einem Sohn Kentucky Whips. Und seine Mutter Big Nance war eine Enkelin von Timoleon von Sir Archy. Steel Dust nahm als Linienbegründer großen Einfluß auf die Short Horse-Zucht, wenn auch einige seiner Zeitgenossen als Deckhengste häufiger frequentiert wurden. Er inspirierte aber die Gemüter der Short Horse-Welt wie kein zweiter und tat mehr, das Quarter Running Horse zu glorifizieren und romantisieren, als irgend ein anderes Pferd. Sein Name wurde zum Synonym für Quarter Running Horses, und jeder Pferdehändler, der, wie es so schön heißt, „nicht kürzlich der Kirche beigetreten oder vor der schiefen Bahn bewahrt worden war" schwor Stein und Bein, daß seine Gäule Original-Steel Dusts waren. Steel Dust muß sich beständig im

Grabe umgedreht haben, so viele Zossen sind ihm angehängt worden!

Steel Dusts Conformation wurde auch zum Leitbild und Standard der Short Horse-Zucht. Seine enorm ausgeprägte Muskulatur war das auffälligste Merkmal, das besonders in seinen extrem dicken Ganaschen zur Geltung kam. Dieses Charakteristikum finden wir noch heute in manchen Quarter Horse-Linien. Z. B. Hank Wiescamps Pferde zeichnen sich dadurch aus.

Steel Dust wird von manchen als ein Graufalbe (Grulla) beschrieben. Bob Denhardt geht aber davon aus, daß er ein Bay war. Und zwar habe es im 19. Jahrhundert ein sehr populäres Medikament gegeben, das unter dem Namen „Steel Dust" oder „Anvil Dust" bekannt war und dessen Farbe ein Rostbraun war. Dieser Mixtur seien auch magische Kräfte zugesprochen worden, man verwendete sie in Talismännern, und sie galt als glückbringend, besonders im Spiel. Man kann sich gut vorstellen, daß Steel Dusts Name hier entlehnt worden war.

Obwohl Steel Dust intensiv als Deckhengst eingesetzt wurde, sind nicht viele seiner Nachkommen als solche belegt. Nur wenige Züchter führten damals über Bedeckungen und Abstammungen Buch, und wenn sie sich Notizen machten, geschah dies nicht sehr gründlich und ausführlich. Einige seiner bekanntesten Nachkommen waren Gray Alice, Bill Fleming, Tom Driver, Rebel und 80 Gray. Bill Fleming war ein Sohn von Steel Dust und Gray Alice. Ram Cat, die Mutter von Old Billy, war ebenfalls eine Tochter von Steel Dust. Jack Traveler, der Großvater mütterlicherseits von Barney Owens, war ein Sohn von Steel Dust. Old Joe Bailey of Weatherford geht väter- wie mütterlicherseits auf Steel Dust.

Steel Dust-Blut finden wir in den Billy-, Cold Deck-, Rondo- und Peter McCue-Familien.

Sam Bass, einer der berühmt-berüchtigtsten Outlaws von Texas, besaß eine Steel Dust-Tochter namens Jenny, die allgemein als „Denton-Mare" bekannt war. Die Stute war sehr schnell und in Rennen sehr erfolgreich, so daß sie Sam Bass, der bis dahin ein armer, hart arbeitender Waise gewesen war, eine Karriere als Short Horse Man ermöglichte. Bass hatte aber wohl besonders schlitzohrige Ideen, wie er seinen Rennerfolgen noch nachhelfen konnte, und war bald in eine Karriere gerutscht, die man nur als kriminell bezeichnen kann und in der er auf die Schnelligkeit seines Pferdes in einer anderen Beziehung angewiesen war, nämlich, um sich in Sicherheit zu bringen.

Shiloh wurde ein Jahr nach Steel Dust, 1844, in Tennessee geboren. 1849 brachte Jack Batchler ihn nach Texas. Shiloh war ein Sohn Van Tromps, der von Thomas' Big Solomon von Sir Solomon von Sir Archy war. Shilohs Mutter war vermutlich von Union, der ebenfalls von Van Tromp war.

Shiloh, neben Steel Dust der große Foundation Sire im Texas jener Zeit, trat einmal gegen Steel Dust an, doch wurde nie ermittelt, wer von beiden der Schnellere war. Steel Dust war vor dem Rennen so ungebärdig, beständig steigend und schließlich versuchend, aus der Startbox zu springen, daß er sich einen Splitter in die Schulter rammte und deshalb nicht laufen konnte. Es hieß, er sei dadurch blind geworden, doch wird es wohl umgekehrt so gewesen sein, daß eine „Mondblindheit" (Periodische Augenentzündung) die Ursache für den

Unfall war. Steel Dust konnte jedenfalls nie wieder ein Rennen laufen.

Billy war wohl Shilohs berühmtester und einflußreichster Sohn. Er wurde etwa zur Zeit des Ausbruchs des Bürgerkrieges geboren, seine Mutter war die Steel Dust-Tochter Ram Cat. Old Billy, wie er auch zum Unterschied von den vielen anderen Pferden gleichen Namens in der Quarter Horse-Geschichte genannt wird, war einer der populärsten Stammhengste, besonders in Südtexas, wo „Billy Horses" gleichbedeutend mit „Quarter Horses" war.

Old Billy hatte für einige Jahre seines Lebens ein höchst bedauerliches Dasein führen müssen. Sein Besitzer kettete ihn an einen Baum, als er ging, um im Bürgerkrieg für die Südstaaten zu kämpfen, damit er nicht fortlief oder gestohlen wurde. Von der Frau des Besitzers zwar gefüttert und getränkt, war er doch in einem erbärmlichen Zustand, als dieser aus dem Krieg zurückkam. Bill Fleming, der ebenfalls aus dem Krieg nach Texas zurückkehrte, sah den Hengst und kaufte ihn. Die Hufe waren so lang, daß sie mit einer Säge gekürzt werden mußten, bevor man sie trimmen konnte. Die Kette um seinen Hals hatte eine kahle Narbe hinterlassen, die für den Rest seines Lebens zu sehen war.

In den nächsten Jahrzehnten sah man Billy Horses, wo immer Short Races stattfanden, bis nach Oklahoma, Kansas, Missouri, Colorado, Arkansas und Mexico hinein. Die beste Nachzucht brachte Billy mit der Foundation-Stute Paisana, die eine Tochter von Brown Dick war. Zu Old Billys Nachzucht gehörten Jenny Oliver, Rover, Dora, Sweet Lip, Little Brown Dick, Pancho, Joe Collins, Brown Billy, McCoy Billy und Anthony, wohl Billys bester Sohn.

Bonnie Scotland, ein aus England importierter Vollblüter von Jago und aus der Queen Mary, wurde Stammvater einer ganz neuen Linie von Quarter Mile-Rennpferden in Amerika. Der Beschreibung nach war er, abgesehen von seiner Größe von 16 Hands, wie ein Sprinter gebaut. General W. B. Harding erwarb den Hengst, als dieser 19-jährig war. *Bonnie Scotland war zum Zeitpunkt seines Todes (1880) der Leading Sire, noch vor Lexington. In der Quarter Horse-Welt waren Bonnie Joe, Pan Zarita, Carrie Nation, Uncle Jimmy Gray, Billy Sunday, Dewey, Joe Blair, Joe Reed, Useeit, Jiggs und Major Speck hervorragend unter seinen Nachkommen.

(Old) Cold Deck soll seinen Namen erhalten haben, weil Steel Dusts Pfleger in einem Pokerspiel, in dem er alles Geld verloren hatte, seinem Gegenspieler zusagte, dessen Stute heimlich – gegen ein ausdrückliches Verbot von Steel Dusts Besitzer – von Steel Dust decken zu lassen. Diese Geschichte erzählte Foss Barker, der Cold Deck lange hatte, Coke Blake.

Außer in Coke Blakes Zucht ist keine direkte Linie von Cold Deck überliefert. Sein Blut hat aber über Pferde wie die Joe Baileys, Rondos, Sykes und Peter McCues Einfluß auf die Quarter Horse-Zucht genommen. Cold Deck war 1862 in Missouri geboren worden. Er war ein dunkler Sorrel von gut 1,50 Stck.

Barney Owens war Steel Dusts bekanntester Sohn in Illinois, ein Pferd von etwa 1,50 Stck. und etwa 11 Zentnern, geboren 1870 und gezogen von John Hedgepeff, Missouri. Er war lange im Besitz von James Owen, Illinois, später gehörte er Sam Watkins, der ihn nach seinem Vorbesitzer Barney Owens, anstatt nur Barney, nannte. Von

Watkins kaufte Thomas Trammell aus Sweetwater, Texas den Hengst, bei dem er bis zu seinem Ende blieb. Barney Owens zeugte u. a. Dan Tucker, den Vater von Peter McCue.

Missouri Mike, Oregon Charlie, Pony Pete, Printer Tom und Roan Dick waren andere bedeutende Hengste während der letzten Hälfte des vorigen Jahrhunderts, außerdem mehrere mit dem Namen Rondo, der damals offensichtlich sehr beliebt war: Alsup's Rondo war von Alsup's Brimmer; Fleming's Rondo war ein Hengst in Texas, vermutlich ein Steel Dust-Sohn, nach ihm wurden spätere Rondos in Texas benannt, wie Lock's Rondo von Whalebone und Sykes' Rondo von McCoy Billy.

Pid Hart von Tom Driver von Steel Dust, Dan Tucker, (Old) Joe Bailey (of Weatherford), Peter McCue, Traveler, Possum (King), Uncle Jimmy Gray, Joe Reed, My Texas Dandy, Flying Bob, Rocky Mountain Tom (von Pid Hart), Little Joe, Harmon Baker, A. D. Reed, Zantanon und Old Fred sind einige der herausragenden Hengste, die um die Jahrhundertwende und in den ersten Jahrzehnten dieses Jahrhunderts gelebt haben. Von ihnen sollen ein paar herausgegriffen und näher beschrieben werden:

VIII

Peter der Große

Milo Burlingame wollte es jetzt wissen.

Der Hengst hatte letztens in St. Louis gewonnen, ohne sich richtig lang machen zu müssen. Er sah zwar nicht wie ein Sprinter aus, das stimmte wohl, aber Milo hatte, obwohl noch ein Teenager, schon genug Erfahrung als Jockey um zu wissen, daß dieser Hengst trotz seiner Größe von 16 Hands und seinen über 13 Zentnern eins der schnellsten, wenn nicht gar das schnellste Pferd im Lande war.

Eine Gate, eine Startbox, hatte Milo Burlingame nicht, und ein vierbeiniger Gegner war auch nicht da an diesem frischen Maimorgen kurz vor der Jahrhundertwende. Der Track war leer bis auf dieses eine Pferd und jenen fünf Männern mit Stoppuhren hinten bei den 440-Yards-Zielpfosten...

Milo wollte es wissen, und der Besitzer des Hengstes wollte es wissen, wie schnell dieser Peter McCue wirklich war. Ein Rennen gegen die Uhr sollte es werden, bei dem Milo einmal versuchen würde, den Hengst auf's äußerste anzutreiben.

In wenigen Sekunden war vorüber, wovon Milo später sagte: „Nichts in meinem Leben kam dem Fliegen so nahe!" Als er den Hengst wieder aufgenommen und zu den Zeitnehmern zurückgelenkt hatte – die alle erfahrene Zeitnehmer und Short Horse Men waren – sah er die Zeit: einundzwanzig Sekunden – oder weniger! Von den fünf Uhren zeigten drei einundzwanzig Sekunden und zwei weniger!

Auch heute, rund neun Jahrzehnte intensiver Zuchtarbeit später, sind die besten Quarter Miler kaum schneller.

Obwohl Peter McCue diese Zeit nicht von einem Standing Start aus gelaufen ist und die Zeit nicht elektronisch gemessen wurde, argumentiert Bob Denhardt, daß die Leistungen der damaligen Pferde doch sogar höher zu bewerten sind, als die der heutigen. Sie liefen mit größeren Handicaps – die Tracks waren nicht so erstklassig präpariert wie heutzutage, der Transport von Rennbahn zu Rennbahn war primitiver und darum stressiger, die medikamentöse Versorgung war bei weitem nicht so gut, die Fütterung war nicht wissenschaftlich ausgeklügelt und mit Vitaminen und Mineralien versehen wie heute. Auch kannte man den hochspezialisierten Hufbeschlag und die hochentwickelte veterinärmedizinische Versorgung von heute nicht.

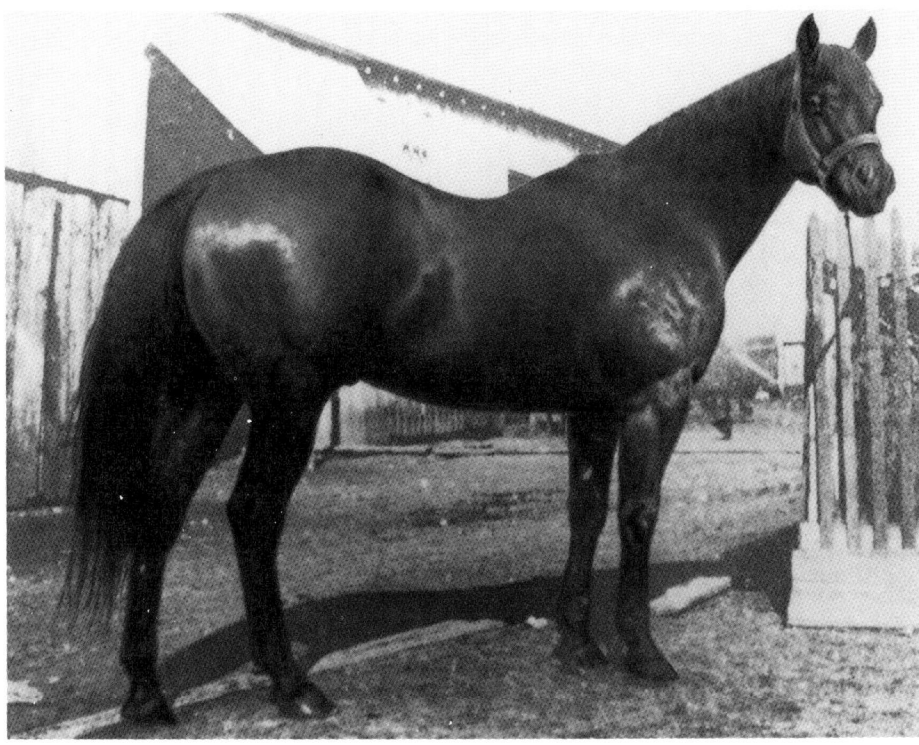

Peter McCue in seinen aktiven Tagen

Sam Watkins, der Züchter von Peter McCue, war keineswegs ein unehrlicher Mensch oder gar ein Betrüger. Er war vielmehr ein weithin respektierter Mann, ein achtbarer Bürger von Petersburg in Illinois, der mit seiner Frau acht Kinder großzog, eine Farm bewirtschaftete, die er von seinem Vater ererbt hatte, und der eine Säule des Gemeindelebens war. Doch hatte er offensichtlich keine Skrupel etwas zu tun, was Short Horse-Züchter damals allgemein gern taten: Um Peter McCue auch auf offiziellen Tracks starten zu können, gab er als dessen Vater einen Vollblüter an, den Duke of Highlands, der ebenfalls in seinem Besitz war. Dabei machte er Freunden und Bekannten gegenüber keinen Hehl daraus,

daß Peter in Wirklichkeit von seinem Quarterhengst Dan Tucker war. Diese Tatsache hat später sein Sohn William sogar unter Eid bestätigt.

Peter McCue wurde 1895 geboren. Sein Vater Dan Tucker war von Barney Owens von Cold Deck von Billy von Shiloh. Peters Mutter Nora M, eine Vollblutstute, war eine Tochter von Voltigeur und aus der Kitty Clyde von Star Davis. Die Großmutter väterlicherseits von Peter McCue, Lady Bug, wurde allgemein nur Butt Cut genannt, wegen einer Drahtverletzung auf ihrer Kruppe. Sie war von Jack Traveler von Steel Dust und aus der June Bug von Harry Bluff, dem Vater von Steel Dust. Dan Tuk-

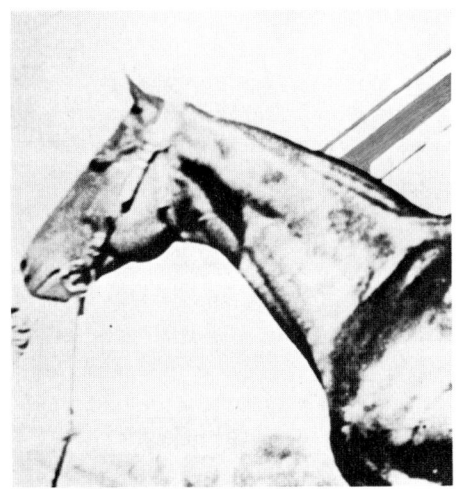

Peter McCue

ker war also das Produkt einer Verquickung von Steel Dust- und Shiloh-Blut, eine Kombination, die alles andere als selten war, sondern in hohem Maße das Quarter Horse mitgeformt hat.

Peter McCue war ein dunkler Bay ohne Abzeichen, mit einem recht guten Quarter Horse-Kopf, sehr gutem, schlankem Hals, feinem Genick, Knochenstärke und so geraden Hinterbeinen, wie man sie sich bei einem Pferd nur wünschen kann. Kritisieren konnte man ihn in bezug auf seinen Rücken, der zu lang war, und auf seine Hüfte, die man sich länger gewünscht hätte. Von seiner Conformation her hätte man in ihm weder das überlegene Rennpferd, noch das All-round-Pferd gesehen. Doch alle, die ihn rennen gesehen hatten oder seine Fohlen sahen, waren begeistert von ihm. Zugegebenermaßen war er kein Quarter Horse-Idealbild, aber er brachte Nachzucht von überragender Qualität und ausgezeichnetem Typ.

Nach Sam Watkins besaß John Wilkens aus San Antonio den Hengst, 1911 kaufte Milo Burlingame ihn, der ihn 1916 aus wirtschaftlichen Gründen wieder verkaufen mußte. Die letzten Besitzer waren Si Dawson und Coke Roberds. Auf der Ranch des Letzteren starb er 1923 im Alter von 28 Jahren. Er hinterließ eine Dynastie von Pferden jenes Typs, der meist als Steel Dust oder Billy Horse bekannt war und als Quarter Horse einmal zu Weltruhm kommen sollte. Seine Nachkommen waren fast über den ganzen Westen verstreut, überall war sein Blut begehrenswert geworden. Auf Peter McCue gehen mindestens zwei Drittel aller registrierten Quarter Horses zurück, und, wie an anderer Stelle schon erwähnt, stammen zehn der neunzehn AQHA Foundation Sires von ihm ab. Es hieß damals, man könne Peter McCue mit einem Güterwaggon kreuzen und bekäme doch ein Rennpferd. Aber Peter zeugte nicht nur Renn- sondern All-round-pferde. Bob Denhardt schrieb einmal: „Ich kenne niemanden der es in Frage stellt, daß Peter McCue mehr All-round Horses gezeugt hat als irgendein anderer Quarter Horse-Hengst vor oder nach ihm. Manche Hengste zeugen große Cutting- oder Ropingpferde, andere vererben großen Speed. Aber Peter McCue zeugte Rennpferde, die Gebrauchspferde waren, und Arbeitspferde, die Rennpferde waren."

Einige der bekanntesten Nachkommen Peter McCues waren Harmon Baker, Chief, Buck Thomas, Badger, Sheik, A. D. Reed, Hickory Bill, John Wilkins, Jack McCue, Jazz, Mary McCue, Squaw, Carrie Nation, Juanita Armstrong usw.

Hickory Bill z. B. war der Vater von Old Sorrel, dem Hengst, auf den alle King Ranch Quarter Horses zurückgehen, darunter so erlauchte Namen wie Peppy, Hired

Hand, Macanudo und Wimpy. Harmon Baker zeugte u. a. Dodger; Chief zeugte Salty Chief, Chief McCue und Guthrie Chief; A. D. Reed war der Vater von Oklahoma Shy, Doctor Blue Eyes, Billy the Tough, Wiskaway und Jeff Self; John Wilkins' Sohn Joe Hancock begründete einen eigenen Clan von vor allem Ropingpferden; Badger hatte so berühmte Nachkommen wie Midnight, Grey Badger II, Waggoner und Chubby.

Ohne Peter Mc Cue, das darf man wohl sagen, wäre das Quarter Horse heute nicht das, was es ist.

The Mystery Horse

Als gegen Ende des vorigen Jahrhunderts in Texas schwere Erdbewegungen durchgeführt wurden für eine neue Linie der Texas & Pacific Railway, orderte der Contractor eine Wagenladung Arbeitspferde – damals wurde ja noch alles per Pferdekraft bewegt. Diese Zugpferde kamen aus dem Osten, die einen sagen, aus Kentucky, die anderen, aus New York. Wie dem auch sei, unter ihnen war ein junger Hengst, der hart im Geschirr vor einem Planiergerät arbeiten mußte, über dessen Abstammung niemand etwas wußte und der sich doch per Zufall als ein solch fantastisches Rennpferd erwies, daß er wie Phönix aus der Asche stieg und sogar zu einem der bekanntesten Vererber der Quarter Horse-Zucht wurde. Traveler, wie er später genannt wurde, fand im Tausch für ein Maultier seinen neuen Besitzer und gründete eine der berühmtesten Zuchtlinien in Texas.

Traveler war ein Sorrel mit einigen roan Haaren, ca. 1,50 m Stck. groß und, obwohl eher hochbeinig, doch kompakt gebaut, mit kurzem Rücken und kräftiger Hinter-

hand. Nachdem Traveler Bob Wilson und Mayflower geschlagen hatte – bekannte Sprinter jener Tage –, war sein Ruf als Rennpferd etabliert. Brown Seay war es, der Traveler als erster die Chance gab, sich in der Zucht zu beweisen. Später zeugte Traveler auf der Palo Huerco Ranch von Dow Shely in Südtexas viele seiner besten Fohlen. Shelys großartige Stute Jenny brachte von dem „Mystery Horse", wie Traveler auch genannt wurde, Little Joe und King (später in Arizona Possum genannt), zwei seiner besten Söhne. Little Joe zeugte Zantanon, den Vater von King, und Joe Moore, der auch ein Foundation Sire werden sollte.

Weitere bekannte Söhne Travelers, von Shely gezogen, waren El Rey, Texas Chief und Captain Joe. Bevor er nach Südtexas ging hatte er Joe Gardner, Chula Mundo, Judge Welch und Judge Thomas gezeugt. Wie gut Travelers Töchter sich vererbten, kann man einem Brief George Cleggs entnehmen, in dem er schreibt: „Ich habe Texas Chiefs Mutter gekauft und zwei ihrer Stutfohlen, eins von Traveler... Ich habe sie von Hickory Bill decken lassen und bekam aus der Traveler-Tochter eins der besten Stutfohlen, die dieses Land je gesehen hat".

„The Mystery Horse" blieb auf der Shely Ranch bis zu seinem Tod im Jahre 1912. Ohne ihn wäre die Quarter Horse-Zucht um Namen wie Little Joe, Possum, Texas Chief, Guinea Pig, Zantanon, Red Cloud, King, Poco Bueno und viele andere ärmer.

Der Mexikanische Man O'War

„Das soll ein Rennpferd sein?", wandte sich der Besucher ungläubig an seinen mexikanischen Gastgeber.

Traveler

„Si, Senor, ich habe ihn gute Rennen laufen gesehen," antwortete dieser mit einem Anflug von einem Lächeln.

„Und Sie wollen sogar Geld auf ihn setzen heute?" Der Besucher konnte es noch immer nicht fassen.

„Si, ich werde einen bescheidenen Einsatz wagen, Senor..."

Und so wurde ein weiterer Besucher in Nuevo Laredo in Mexico um einiges an Geld ärmer und an Erfahrung reicher. Das Pferd, über das er verächtlich die Nase gerümpft hatte, sah in der Tat nicht wie ein Rennpferd aus. Der kleine Hengst war kaum 14 Hands, und wie er da im Staub der von der Sonne ausgeglühten Straße stand, vor einem Saloon angebunden, seine Knochen überall hervortretend und die Rippen gut zu sehen, erschien es absurd, daß er in wenigen Minuten zum Race Track geführt werden sollte, um dort zu starten.

Zantanon im hohen Alter

Zantanon in jungen Jahren, in Rennkondition

Doch der unterernährte, kleine, ungepflegte Hengst *war* ein Rennpferd! Sein Name war Zantanon, und jedem Short Horse-Enthusiasten in Nord-Mexico war er gut bekannt, galt er doch als unschlagbar über Distanzen bis 300 Yards.

Daß wir keine präzisen Angaben haben, wie schnell Zantanon war, spielt heute keine Rolle. Er hat einen großen Einfluß gehabt auf die Quarter Horse-Zucht, hat seinen Speed und sein Herz vererbt in einem Maße, wie dies nur wenige Vererber imstande waren zu tun.

Bei seiner Lebensgeschichte stoßen wir wieder auf Ott Adams, den großen alten Quarter Horse-Züchter aus Alfred, Texas, auf dessen Ranch Zantanon als Sohn von Little Joe das Licht der Welt erblickte. Little Joe war von Traveler, und Zantanons Mutter Jeanette war eine Tochter von Billy von Big Jim von Sykes Rondo. Da Zantanon im selben Jahr wie Man O'War geboren wurde, 1917, nannte man ihn auch den Man O'War of Mexico. Schon als Jährling wurde der Hengst nach Mexico verkauft, wo er

in die Hände von Eutiquio Flores kam. Schlechte Hände waren das, die ihm wenig, zu wenig Futter gaben, Pflege nicht kannten, nicht einmal Rücksichtnahme. Zantanon stand oft in der heißen Sonne angebunden für die meiste Zeit des Tages, wurde auf bretthartem, ausgetrocknetem Boden zum Race Track und zurück geritten, und bei alledem ermöglichte er Flores durch seine Renngewinne einen Lebensstandard, den dieser wohl zu schätzen wußte.

Manuel Benavides Volpe, der Zantanons Taten in Mexico verfolgt hatte, kaufte ihn, als er vierzehn Jahre alt war und führte ihm gute Stuten zu.

„Als wir ihn bekamen, sah er erbärmlich aus. Abgemagert, voll Dreck und Zecken war er. Damals wußten wir nicht so recht, was wir uns da eingehandelt hatten", erzählte Volpe später, „sie wußten nicht, wie sie ihn zu füttern hatten, haben ihn fast zu Tode gehungert."

Volpe hatte 500,– $ für ihn bezahlt, was damals viel Geld war, besonders für ein halb verhungertes Pferd. Doch Zantanon zeigte Volpe bald, daß er jeden Penny wert war und mehr als das. Seine Nachzucht sprach für sich. Ed Echols, Vater von vielen AA- und AAA-Pferden, war ein Sohn von ihm, Zantanon Jr., Chico, El Bandido, Little Potatoe, Shirley Temple, Cuatro de Julio, Zandy, Sonny Kimble, Cucuracha, Fourth of July und Lightning waren weitere Nachkommen von ihm. Sein berühmtester Sohn war zweifellos King, dessen Registrationsnummer P-234 jedem Quarter Horse Fan geläufig ist. King war einer der absolut durchschlagendsten Vererber in der Quarter Horse-Zucht. Sein Blut ist noch heute gefragt, wie auch das von vielen seiner Nachkommen. King zeugte Rennpferde, Performance und Cow Horses. Insgesamt hatte er 648 Söhne und Töchter, von denen 217 in AQHA Performance-Disziplinen geshowt wurden und wovon 20 AQHA Champions wurden. Royal King, Tonto Bars Hank, King's Pistol, Cactus King, Joe Cody, Blondy's Dude, Cal Bar, Peponita, Squaw H, 89'er, Old Taylor gehören zu Kings Nachkommen, wie auch Poco Bueno, der Stammvater eines eigenen Clans von Cutting Horses wurde.

Die Wurzel all dieser Top-Pferde war ein mickriger kleiner Hengst namens Zantanon, der eine entbehrungsreiche Jugend, aber eine zweite Lebenshälfte gehabt hat, in der ihm die Anerkennung und Zuwendung zuteil wurde, die er verdient hatte. Zantanon ging 24-jährig in die ewigen Weidegründe ein.

Der Ungewollte, oder: Die Geschichte des häßlichen jungen Entleins

Joe Reeds Story ist die eines häßlichen jungen Entleins, dessen Geburt überdies absolut unwillkommen und unerwartet war.

Della Moore, seine Mutter, war ein Superstar der Match Race Tracks, und ihr Besitzer Henry Lindsay war nur daran interessiert, daß sie ihm weiterhin viel Geld einbrachte, indem sie fortfuhr, Rennen für ihn zu gewinnen. Bis kurz vor Joe Reeds Geburt lief Della Moore Rennen, da niemand wußte, daß sie tragend war (bis auf die Schlitzohren, die sie ohne Wissen des Besitzers hatten decken lassen und die sich natürlich ausschwiegen).

Am 7. Januar 1920 wurde dann Joe Reed geboren, der eins der berühmtesten Pferde in der Geschichte des Quarter Horses werden sollte, und der zunächst alle gegen sich und einen harten, dornenreichen Weg vor sich hatte. Er kam nicht einmal in den Genuß der Muttermilch, Della Moore wurde gleich wieder ins Renntraining genommen!

Nachträglich fand man heraus, daß Della Moore von Joe Blair gedeckt worden war, einem Vollblüter, der wie Della Moore die Viertelmeile in glatten 22 Sekunden laufen konnte, der einen allerbesten Ruf als Sprinter hatte und von vielen für das schnellste Pferd seiner Zeit über seine besten Distanzen gehalten wurde. Sein berühmtestes Rennen hat er allerdings verloren, nämlich das gegen Pan Zarita in Juarez, Mexico über die 5/8 Meile. Dabei lief Joe Blair einen Weltrekord über 3 1/2 Furlongs, im Finish war er aber eine Länge hinter Pan Zarita. Pan Zarita hatte allerdings, um Joe Blair schlagen zu können, einen neuen Weltrekord über die 5/8 Meile laufen müssen! Und dieser Rekord stand für Jahrzehnte.

Joe Blair hatte außer Joe Reed keine berühmten Nachkommen, was man von Della Moore nicht sagen kann, ist sie doch Mutter von Joe Moore geworden, als sie Ott Adams gehörte. Joe Moore wurde ein weiterer Gründerhengst der Quarter Horse-Zucht. Joe Blair ist sein ganzes Leben Rennen gelaufen, für die Zucht blieb ihm keine Zeit.

Della Moore war aus Louisiana, einem Staat, von dem bisher noch nicht die Rede war, und aus dem eine ganze Reihe von Top Short Horses kamen. Della war von Dedier, neben Dewey der bekannteste frühe Short Horse-Vererber in Louisiana. Dedier war schneller als Dewey. Er ist auch unter dem Namen (Old) D. J. bekannt. Dellas Mutter war Belle von Sam Rock.

Joe Blair war sehr gut gezogen. Er war von Bonnie Joe von Faustus von Enquirer, und seine Mutter war eine Tochter von *Bonnie Scotland.

Joe Reed, das unerwünschte Fohlen, mußte als Waise aufwachsen und mit Kuhmilch und etwas Mash zurechtkommen. Schon bald wurde er auf ein brachliegendes Baumwollfeld entlassen, um für sich selbst zu sorgen. Als Lindsey später nach ihm fragte, um ihn ins Renntraining zu nehmen, hatte man Mühe, ihn überhaupt wiederzufinden. Er sah – wen wundert's – ziemlich grausam aus als Zweijähriger und hatte, weil er einfach zu unterentwickelt war, keine Chance, im Rennen zu bestehen. Immerhin, er war Dellas Sohn, und so wur-

(Old) Joe Reed

de er wenigstens nicht kastriert. In späteren Jahren, als er gut gefüttert und gepflegt wurde, hat er einiges aufgeholt und sich zu einem stattlichen Pferd ausgewachsen.

J. W. House aus Cameron, Texas kaufte Joe Reed von Henry Lindsey und war mit seiner Nachzucht mehr als zufrieden. Bei ihm zeugte er Red Joe of Arizona und Joe Reed II. Der letzte Besitzer Joe Reeds war Dr. J. J. Slankard, Elk City, Oklahoma. Zu ihm fuhren später Bob Denhardt und Jim Minnick, um ihn sich anzusehen. Denhardts Eindrücke beschrieb er später folgendermaßen:

„Jim Minnick und ich schauten nur – er war schon ein Pferd! Den ganzen Tag waren wir gefahren, um uns Joe Reed ansehen zu können. Wir hatten über Joe Reed gesprochen, über seinen Vater, seine Mutter, seine Nachzucht, fast die gesamte Fahrt über. Man wurde nie müde, über Pferde zu sprechen, speziell nicht mit Jim. Er kannte jeden, der etwas von Pferden kannte und wußte alles über alles beim Pferd. Obwohl er persönlich ein Halfbred vorzog (1/2 Quarter Horse, 1/2 Vollblut), wußte er ein gutes Quarter Horse zu würdigen, wenn er eins sah. Joe Reed begeisterte uns beide, weil er für Jim der ideale Halfbred Type war, und mich, weil er ein großartiger Erzeuger von Quarter Horses war. Old Joe hatte so viele Vorzüge, daß es leichter ist, zu erwähnen, was einem weniger an ihm gefiel. Die meisten modernen Quarter Horse-Züchter haben einen von Joe Reeds Enkeln gesehen oder doch wenigstens ein Bild von ihm: Leo. Wenn man die beiden vergleicht, so ist Leo das bessere Quarter Horse gewesen, aber nicht unbedingt das bessere Pferd. Old Joe war etwas länger als Leo, ich habe ein Quarter Horse gern mehr close-coupled. In dieser Beziehung konnte ich an Leo nichts aussetzen. Zum zweiten

waren Old Joes Vorderbeine nicht allzu weit auseinander. Obwohl sie nicht gerade aus ein und demselben „Loch" kamen, waren sie doch ein wenig eng beieinander (möglicherweise aufgrund der mangelhaften Aufzucht). Seine Beine waren besser als die von Leo, klarer, mit besseren, flacheren Röhren. Er hatte auch vier weiße Füße, mit mehr Weiß als Leo. Sowohl Joe Reed II, Leos Vater, wie auch Leo hatten bessere Köpfe als Old Joe, dessen Kopf ein wenig schlicht war. Er hatte allerdings die nettesten und beweglichsten kleinen Fuchsohren, die man je bei einem Pferd zu sehen bekommt. Old Joe war ein wenig langbeiniger, als es ein eingefleischter Quarter Horse Man gern sieht, aber gerade richtig für einen Thoroughbred Fan. Man kann ihn kaum weiter kritisieren, besonders, wenn man berücksichtigt, daß er als Baby kaum Pflege hatte. Er erinnerte mich an etwas, das Coke Blake einmal zu mir gesagt hatte: ‚Er hat das Auge eines Adlers und die Bewegungen eines Hirsches'. Er war ein Pferd, das man nie vergessen konnte, wenn man es einmal gesehen hatte."

Joe Reed zeugte, obwohl er überwiegend nur gewöhnliche Stuten zu decken bekam, überragende Nachzucht – Top Gebrauchspferde und Rennpferde. Eine ganze Reihe seiner Söhne erwiesen sich auch wieder als großartige Vererber, wie Reed McCue, Catechu, Joe Darter, Red Joe of Arizona, Joe Harrell und Joe Bob. Aber der berühmteste ist zweifellos Joe Reed II. Wenn Joe Reed nur diesen einen Sohn gehabt hätte, wäre ihm ein Platz in den Annalen des Quarter Horses sicher gewesen. Und wenn Joe Reed II nur den einen Leo gezeugt hätte, gälte dasselbe auch schon für ihn. Leo war übrigens väterlicher- wie mütterlicherseits ein Enkel von Joe Reed, da seine Mutter Little Fanny auch Joe Reed zum Vater hat-

Joe Reed II

te. Joe Reed II schlug den World Champion Clabber in Tucson, Arizona.

Er war schon als Zweijähriger durch eine Drahtverletzung am linken Vorderbein verkrüppelt worden und hatte sich später am rechten vorderen Huf verletzt, als er in eine Glasscherbe trat, eine Verletzung, die nie mehr ausheilen sollte, so tief war der Schnitt. Der Besitzer von Joe Reed II, Bert Wood, hatte ihn deshalb nie gestartet. Doch man ließ ihm keine Ruhe und provozierte ihn so lange, bis er schließlich einwilligte, Joe Reed II gegen Clabber antreten zu lassen. Joe Reed II schlug Clabber „auf drei Beinen", wie Bert Wood sich auszudrücken pflegte, „Joe Reed II war absolut verkrüppelt bevor er je startete, aber es war sein Kämpferherz, das ihn unter allen Umständen gewinnen ließ". Joe Reed II wurde nach nur drei Rennen, die er alle drei gewann (darunter eins gegen Chicaro Bill), Champion Quarter Running Stallion 1942/43.

Leo, der Sohn von Joe Reed II und Enkel Joe Reeds, wurde Stammvater einer eigenen

Leo. Das Foto zeigt ihn als älteren Herrn

Familie von Renn-, Gebrauchs- und Cuttingpferden. Er war ein Leading Sire in verschiedenen Kategorien, Vater von World Champions, AQHA Champions und einem Heer von All-round-Pferden. Nelson C. Nye bezeichnet ihn als den vielleicht größten Vererber der jüngeren Sprintgeschichte, mit Sicherheit aber größten Zeuger von Zuchtstuten. Leo galt zu seiner Zeit als der bedeutendste lebende Quarter Horse-Hengst. Sein Blut ist noch heute in Performance- und Halter-Pferden gefragt.

Aktiv als Zuchthengst bis ins hohe Alter, starb Joe Reed 27-jährig beim Decken einer Stute aufgrund einer Herzattacke. Seine

Jag (von Jaguar), mütterlicherseits ein Enkel von Leo

Nachkommen hatten ihn bereits in die Reihe der Unsterblichen in der Quarter Horse-Welt eingereiht. Ihm wurde die Nummer P-3 von der AQHA verliehen, als einem der führenden Progenitors der Rasse. Bis zum heutigen Tag, auch nach dem Auftreten der modernen Vollblüter als Linienbegründer wie Three Bars oder Top Deck, ist Joe Reed Breeding populär geblieben in der Quarter Horse-Zucht.

Ein Wagenpferd darf ausspannen

Als Coke Roberds von Oklahoma nach Colorado zog und auf dem Treck seinen Zuchthengst Primero verlor, war eine Lücke in seinem Zuchtprogramm entstanden, von der er nicht hoffen konnte, daß sie so bald zu schließen sein würde. Da sah er eines Tages ein Pferd, das im mehrspännigen Zug vor einem Frachtwagen aus Missouri ging. Roberds hielt seine eigenen Pferde an, sprang aus dem Wagen, lief über die Straße und ließ nicht eher nach, bis er den Palominohengst aus dem Geschirr heraus gekauft hatte.

Was muß das für ein Pferdemann gewesen sein, im Vorbeifahren in einem Augenblick zu sehen und zu erkennen, um was für ein überragendes Pferd es sich bei dem Hengst handelte. Und was muß das für ein Pferd gewesen sein, das trotz widriger Umstände, vermutlich ungepflegt, abgearbeitet und unter Zuggeschirr das Auge eines Pferdemannes so zu bannen imstande war, daß dieser aufspringt und sofort weiß, daß er diesen und keinen anderen Hengst haben muß, unter allen Umständen haben muß!

Roberds hatte Old Fred, wie er den Hengst nannte, für rund zwanzig Jahre. Aus seinen Steel Dust- und Primero-Stuten erhielt er Fohlen von Old Fred, die weit über Colora-

do hinaus gerühmt und begehrt wurden und ihn zu einem äußerst erfolgreichen Züchter von Quarter Horses machten.

Old Fred war ein Palomino, der in gutem Futterzustand geäpfelt war und der seine Farbe ziemlich stark vererbte. Er war ein großes Pferd von 16 Hands und fast 14 Zentnern. Schon als Roberds ihn kaufte, war er auf einem Auge blind gewesen. Über seine Abstammung fand man heraus, daß Alexander Chote in Missouri ihn gezogen hatte. Und zwar war er 1893 oder 1894 geboren, sein Vater war Black Ball von Missouri Mike, und seine Mutter war eine palomino Tochter von John Crowder, der von Old Billy von Shiloh und aus der Foundation Mare Paisana war.

Old Fred vererbte nicht nur Conformation, sondern auch Speed. Wer die Chance hatte, Old Fred-Blut zu benutzen, wie die Peavys, Semotans und Casements sowie Warren Shoemaker und Hank Wiescamp, war begeistert von ihm.

Die beiden Letzteren haben im besonderen Maße zur modernen Quarter Horse-Zucht beigetragen und taten dies hauptsächlich mit Old Fred- und Peter McCue-Blut. Shoemaker und Wiescamp waren nach Roberds die Männer, die ihre Zucht auf Old Fred-Blut aufgebaut haben und nach seinem Modell züchteten. Shoemaker hatte eine besondere Vorliebe für die Palominofarbe. Beider Männer Zucht wurde in der ganzen Quarter Horse-Welt berühmt, beider Zuchtprogramm basierte auf Linebreeding, Verwandschaftszucht, beide schrieben dem Einfluß der Mutterstuten und nicht dem des Hengstes die größte Bedeutung zu, und beide hatten ihre Zucht aus dem Nichts aufgebaut. Beider Name wurde zum Markenzeichen in der Quarter Horse-Zucht, in der Tradition von bei-

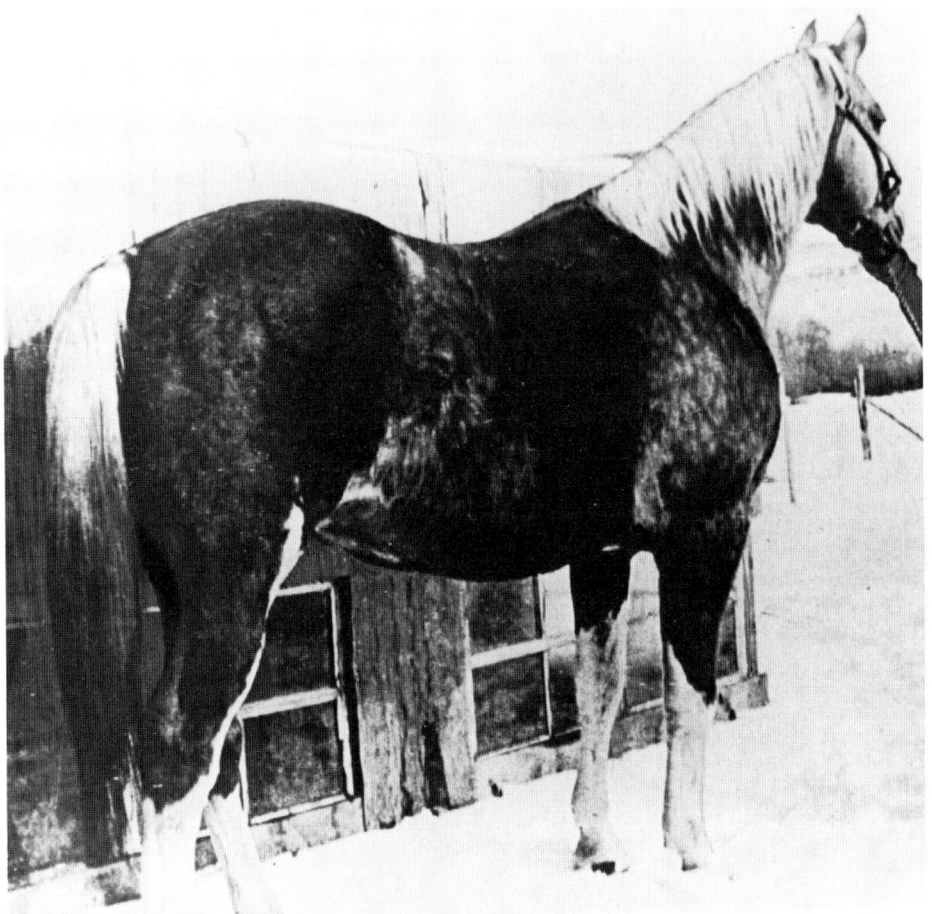

Old Fred

spielsweise den Blake Horses oder den Billy Horses, die ebenfalls nach ihren Züchtern so genannt wurden. Shoemaker Horses oder Wiescamp Horses sind noch heute ein Begriff, wie auch z. B. King Ranch Horses. Bei der King Ranch steht aber eine große Ranch dahinter, ihre Zucht ist das Ergebnis einer Reihe von engagierten Männern, und die Ranch war schon ein großes Unternehmen, bevor man mit dem wissenschaftlich durchdachten Zuchtprogramm von Cow Horses begann. Die Zuchten von Shoemaker und Wiescamp dagegen sind jeweils das Werk nur eines Mannes, der sie in seinem Leben buchstäblich aus dem Nichts aufgebaut und zu Weltruhm gebracht hat.

Zwischen den beiden fand ein gewisser Austausch an Zuchtmaterial statt. So war der von Shoemaker gezogene Nick Shoemaker ein Stammvater in der Zucht Hank Wiescamps. Nick Shoemaker ging väterli-

Skipper W

cher-wie mütterlicherseits auf Old Fred zurück. Er zeugte Skipper W, den Hengst, der zum Aushängeschild der Wiescamp-Zucht wurde (etwas zum Ärger Hank Wiescamps, wie er mir selbst sagte, da er, wie erwähnt, seinen Stuten eine viel größere Bedeutung zuspricht, als irgendeinem Hengst, den er je gehabt hat). Noch heute werben Quarter Horse-Züchter für ihre Pferde als „Skipper W-gezogen", selbst wenn es sich um Ururenkel oder noch entferntere Verwandte von ihm handelt.

Skipper W, der auch väter- wie mütterlicherseits von Old Fred abstammte, war ein Fuchs von echtem Quarter Type, knapp 15 Hands und fast 12 Zentnern. Seine Disposition wird beschrieben als so gut, „als wäre sie nicht von dieser Welt gewesen".

Aus der durchschnittenen Kehle fällt ein Stern

Es war eine Drahtverletzung aus dem Fohlenalter, bei der die Luftröhre verletzt worden war, die der Stute den Namen eingebracht hatte: Cut Throat = durchschnittene Kehle. Obwohl diese alte Verletzung ihr ganzes Leben lang eine Behinderung darstellte, wurde die Stute ein berühmtes Short Distance-Rennpferd, das kaum noch einen Matchgegner fand.

Ihr Besitzer war ein besonders gerissener und kauziger Knabe, der aber stets höflich und gentleman-like war. Tommie Moore aus Laverne in Oklahoma würde nie grob zu Ihnen gewesen sein. Natürlich hätte er nicht im Traum daran gedacht, Ihnen die

Abstammung eines seiner Pferde zu verraten. Aber wenn Sie direkt danach fragten und diese unbedingt wissen wollten, nun, dann hätte er Ihnen die Abstammung eben gegeben –, nicht unbedingt dieselbe, die er jemand anderem vorige Woche genannt hatte, aber irgendeine nette, plausible Abstammung, die Sie durchaus zufriedengestellt hätte, würde er Ihnen angegeben haben...

Warum diese Geheimniskrämerei? Wer ein gutes Short Horse besaß, war nicht gerade scharf darauf, die Abstammung publik zu machen, wenn diese entsprechend gut war. Denn es war natürlich leichter, ein aussichtsreiches Match zu arrangieren, wenn die gegnerische Seite das Pferd unterschätzte. So nach dem Motto: „Well, das ist mein Arbeitspferd, Mister, ich pflüge und egge damit und so..., und meine Frau fährt sonntags damit zur Kirche. Es stammt von einem Indianerpony-Hengst, und seine Mutter habe ich mal von einem fahrenden Händler gekauft. Rennpferdeblut? Nicht daß ich wüßte. Möchte es bezweifeln. Aber wenn Sie gern ein Rennen machen wollen, kann ich es ja mal ausprobieren...“

Tommie Moore arbeitete seine Pferde nachts, wenn niemand zusah, damit keiner eine Vorstellung davon bekam, wie schnell sie wohl waren. Er ritt sie auch in den meisten Rennen selbst, auch noch, als er schon fünfzig und eigentlich viel zu schwer war. Wenn viel Geld im Spiel ist, wird auch gern versucht, einen Jockey zu bestechen, und er selbst war einer der wenigen Menschen, denen Tommie Moore vertraute.

Als er sich entschieden hatte, Cut Throat von dem Vollblüter Dennis Reed decken zu lassen, gelang es ihm, dem Besitzer des Hengstes ein Match aufzuschwatzen, Ein-satz: die doppelte Decktaxe. Cut Throat gewann.

Als die ersten Automobile in der Gegend auftauchten, gelang es Moore sogar, gegen diese Match Races zu arrangieren, über Distanzen von 20 Fuß bis zu einer Viertelmeile. Soll dabei ziemlich erfolgreich gewesen sein, der alte Moore.

Zu Dennis Reed: er war ein Vollblüter, der die ersten vierhundert Yards in 23 Sekunden laufen konnte, also das hatte, was man „early speed“ nannte und nennt. Er war von Lobos von Ben d'Or. Ben D'Or war der Vater von Fairy Gold, welche die Mutter von Fair Play war, der Mutter des großen Man O'War.

Nachforschungen ergaben, daß Cut Throat wohl eine Tochter von Gulliver und Money Spinner war. Gulliver war von Missouri Rondo, und Money Spinner eine Tochter von Dan Tucker.

Das Fohlen, das Cut Throat von Dennis Reed brachte, berechtigte also zu größten Hoffnungen. Es war ein braunes Hengstfohlen mit einem Stern auf der Stirn, nach dem es seinen Namen „Oklahoma Star“ bekam. Oklahoma Star wurde 1916 geboren und erfüllte alle Erwartungen, die Tommie Moore in ihn gesetzt hatte. Gleich in seinem ersten Rennen schlug er den damals weithin gefeierten Slip Shoulder. Kurz darauf schlug er Kate Bernard, die von den Slip Shoulder-Leuten eigens aus Texas geholt worden war, um ihnen das verlorene Geld zurückzugewinnen. Danach, hieß es, hätten die Rancher in der Gegend es vorgezogen, auf Oklahoma Star zu wetten, anstatt in den Weideauftrieb von Mastochsen zu investieren.

Zehn Jahre lang lief Oklahoma Star gegen alles, was gegen ihn anzutreten wagte, und

Oklahoma Star

gewann die meisten seiner Rennen. Er hat Pferde wie Duck Hunter, Henry Star, Jimmy Kicks und Ned S geschlagen. Im Alter von 27 Jahren wurde er ins Stutbuch der AQHA eingetragen. Obwohl er selbst – wie einige andere Foundation Sires – nicht dem Idealbild eines Quarter Horses entsprach, hat er sich als ein echter Vererber bewiesen. Er wird als Zeuger von guten Rodeopferden gefeiert, doch hat er viel mehr beigetragen zur Rasse Quarter Horse. Seine Nachzucht zeichnete sich nicht nur durch großen Speed aus, sondern auch durch vorzügliche Conformation und Gebrauchseigenschaften. In Würdigung seiner Bedeutung für die Rasse wurde ihm unter den 19 Foundation Sires der AQHA deshalb die Nummer P-6 gegeben.

Die Tochter eines Kaltblüters wird Mutter eines Rennpferdes, und ein Veterinär bewahrt den Besitzer vor einer großen Dummheit

Warum John J. Hancock einige seiner besten Stuten von einem Kaltbluthengst hatte decken lassen, weiß heute niemand mehr. Sein Sohn Joe David konnte sich

aber noch genau an diesen Hengst erinnern: ein pechschwarzer Percheron sei es gewesen, ein sehr schönes Pferd, rein gezogen und eingetragen. Keiner dieser großen und ungeschlachten Kaltblüter, sondern von recht passender Größe und von perfektem Gebäude.

Immerhin – ein Kaltblüter. Doch eine der bedeckten Stuten, sie wurde Mundell-Stute genannt, nach ihrem Vorbesitzer, brachte von ihm ein sehr schönes, braunes Stutfohlen, das die Hancocks aufzogen und als Zuchtstute behielten.

1921 hörten die Hancocks von einem fahrenden Händler, daß die JA Ranch (die von Charles Goodnight, dem berühmten Cow Man aus den Tagen der Trail Drives und der Indianerkämpfe gegründet worden war), daß also die JA Ranch John Wilkins verkaufen würde. Dieser Sohn von Peter McCue war damals vielleicht 15 Jahre alt. Die Hancocks traten unverzüglich in Verhandlungen mit der JA Ranch, denn Peter McCue war jedem ein Begriff, und ein Sohn von ihm schien genau das zu sein, was sie zur Verbesserung ihrer Zucht brauchten.

John Wilkins war aus einer Vollblutstute namens Katie Wawekus von Wawekus, und aus der Lucy Hitt, die von Voltigeur war. Nora M, die Mutter von Peter McCue, war auch eine Tochter Voltigeurs.

Von John Wilkins brachte die braune Percheron-Tochter 1923 ein Hengstfohlen. Wegen einer Drahtverletzung mußte das Fohlen von Joe Hancock längere Zeit behandelt werden. Dabei „sprang ein Funke über", und Joe Hancock ließ nicht eher locker, bis ihm sein Vater das Tier – damals ein Jährling – verkauft hatte. Im folgenden Jahr schien es eine Selbstverständlichkeit zu sein, den inzwischen zu einem großräh-

Joe Hancock

migen Pferd herangewachsenen Hengst zu kastrieren. Der nächste Tierarzt wurde verständigt, und alles war arrangiert für die Operation. Doch der Tierarzt muß ein begnadeter Kenner gewesen sein oder einen hellseherischen Moment gehabt haben. Er gab Joe Hancock klipp und klar zu verstehen, er würde einen Fehler machen, wenn er den Hengst legen ließ, einen, den er für den Rest seines Lebens bereuen würde. So ist es diesem unbekannten Veterinär zu verdanken, daß der Quarter Horse-Zucht einer der großartigsten Vererber erhalten geblieben ist.

Als Joe Hancock den jungen Hengst später zu Bird Ogle nach Claypool, Oklahoma brachte, damit dieser ihn ins Renntraining nahm, wollte Ogle zunächst nicht viel davon wissen. Der Hengst sah ihm nicht gerade wie ein Rennpferd aus. Als er ihn dann mit einer guten Stute von ihm zusammen arbeitete, lief der Hengst ihr so weit davon, daß Ogle zunächst meinte, der Stute fehle irgendwas. Er brauchte aber nicht lange um zu begreifen, daß dieser Hengst, den er der Einfachheit nach seinem Besitzer „Joe Hancock" nannte, ein potentielles Rennpferd war!

Der große Braune schaffte sich bald eine Reputation als Match Racer. Nach seinem Sieg über Red Nell, eine schnelle Texas-Stute, war er „open to the world", d. h. jeder Herausforderer wurde akzeptiert, über Distanzen bis zu einer 3/8-Meile. Ogle gelang es, den Hengst zu kaufen, über dessen Siege und Gewinnsummen heute so gut wie keine Unterlagen existieren. Klar ist aber, daß es bald kaum noch möglich war, einen Gegner für ihn zu finden, der bereit war, seine Herausforderung mit einem entsprechenden Wetteinsatz zu bekräftigen. Doch wäre Joe Hancock letztlich vielleicht in der Anonymität versunken, wenn der bekannte Texas Cowman Tom Burnett nicht gewesen wäre, der auf der legendären 6666 Ranch seinen Traum von der Zucht des idealen Cow Horses zu verwirklichen suchte. Die 6666 Ranch war von seinem Vater Burk Burnett gegründet worden, in den Tagen, als Cowboys noch Sechsschüsser trugen, wenn sie samstagsabends ins Town ritten.

Von Tom Burnett heißt es, er hätte zwei Dinge nicht gebrauchen können: Cowboys, die langsam kapierten, und langsame Pferde. Tom Burnett sah in Joe Hancock den geeigneten Hengst, um seine Zucht zu verbessern. Es war ihm nicht leicht gefallen, Bird Ogle zum Verkauf des Hengstes zu überreden. Ogle willigte schließlich bei einem Telefongespräch ein und nannte seinen Preis – 2000 Dollar, was damals eine unerhörte Summe war. Schon als er den Hörer auflegte, bereute er, was er gesagt hatte. Als er den Hengst ablieferte, offerierte er Burnett 200 Dollar, wenn er von dem Kauf zurücktreten würde und er den Hengst wieder mit nach Hause nehmen könnte. Doch Burnett wollte den Hengst.

Der Kauf erwies sich als eine von Burnetts besten Investitionen. Joe Hancocks Söhne und Töchter erlangten Ruhm als Ranch Horses, Show Horses und Race Horses. Als die AQHA gegründet worden war, erhielt er die Registrationsnummer P-455. Bekannte Nachkommen von ihm sind u. a. Joe Tom, Buck Hancock, Little Joe the Wrangler, Red Man, Roan Hancock, Brown Joe, Little Black Joe, Tommy War Chief und Joan, eine seiner besten Töchter.

Joe Hancock vererbte Größe, Speed, Knochenstärke und mehr. Rodeo Oldtimer nehmen sozusagen den Hut ab, wenn der Name Joe Hancock fällt. Besonders Calf Roper sind der Meinung, auf Joe Hancock-Blut in ihren Pferden nicht verzichten zu können. Es heißt, kein Pferd könne so stoppen wie ein Hancock.

IX

Ein guter Bulldog – wie ein Joe Bailey oder ein Traveler oder ein Billy oder irgendeiner von ihnen –, da war absolut nichts schlecht an diesen Pferden. Aber wenn du solch ein Pferd nicht hast und deine Pferde verkaufen willst, ist es das beste, die Bulldogs zu kritisieren. Und eine Menge Leute hatten halb- oder dreiviertelblütige Pferde und hatten sie eingetragen bekommen, und diese kontrollierten die Association nach den ersten zwei Jahren.

Viele Züchter bevorzugten wie Jim Minnick das halbblütige Pferd. Einige waren Direktoren der neugegründeten American Quarter Horse Association. Zum Beispiel Bob Kleberg, von der King Ranch: anfangs stellten die Eintragungsgebühren der King Ranch einen großen Teil des Einkommens der neuen Zuchtorganisation dar, sie ließ mehr Pferde eintragen als irgendein anderer Züchter oder Zuchtbetrieb. Aber die Klebergs waren keine Bulldog-Züchter, wollten auch keine sein. Der Foundation Stallion der King Ranch, Old Sorrel, war zur Hälfte Vollblut, und die Foundation-Stuten, die Lazarus-Herde, waren alle Vollblüter. Peppy, Wimpy, Macanudo, Hired Hand und andere Stammhengste des Zuchtprogramms waren keine Bulldogs der Marke Steel Dust. Sie waren ideale C-Typ Quarter Horses und großartige Pferde; aber es waren keine Lobos, Tonys, Red Dogs, Joe Baileys oder Zantanons

unter ihnen. Bob Kleberg erklärte seinen Standpunkt in der ersten Ausgabe des AQHA Stud Books: „...das Quarter Horse stellt eine ideale Grundlage für das Einkreuzen von Vollblut dar". Etwas, das er selbst so erfolgreich tat wie nur irgendeiner.

Bob Denhardt, 1982

Der erste Vollblüter, der in diesem Jahrhundert größten Einfluß auf die Quarter Horse-Zucht nahm, war schon 1928 von John Dial aus New Orleans nach Texas geholt worden: Chicaro. Später verkaufte John Dial Chicaro an Bob Kleberg von der King Ranch. Töchter Chicaros brachten auf der King Ranch z. B. Don Manners, Maggie und Pokey. Chicaro war von *Chicle und aus der Wendy von Peter Pan. Er zeugte Pferde wie Chicaro Bill, John Dial und Flying Bob. Chicaro Bill zeugte die Quarter Horses Chicaro, Arizona Girl, Senor Bill und Tony McGee. Flying Bob war der größte Zeuger von Sprintern in der Zeit vor Three Bars. Er und seine Nachzucht dominierten die Tracks bis zur pazifischen Küste.

King P-234

Als Melville Haskell in den späten dreißiger und frühen vierziger Jahren in Tucson das Short Racing auf eine organisierte Basis stellte, herrschten unter den Siegern und Rekordhaltern Nachkommen Flying Bobs vor: Lucky hielt den Rekord über 220 Yards, Lady Lee war Co-Rekordhalter über 330, Punkin über 350 Yards, und der 440 Yard-Rekord wurde von Queenie gehalten. Alle waren Söhne und Töchter von Flying Bob.

Doch wenn eben von der „Zeit vor Three Bars" die Rede war, dann kommt darin schon zum Ausdruck, daß mit dem Auftreten von Three Bars in der Tat ein neues Kapitel in der Geschichte des Quarter Horses aufgeschlagen wurde. Ein weiterer Vollblüter, der eine eigene Dynastie von Quarter Running Horses gründete, war Top Deck. Diese beiden Vollblüter und King sind vielleicht die bedeutendsten Linienbegründer seit Bestehen der AQHA.

Der König

King war, wie bereits erwähnt, von Zantanon. Seine Mutter Jabalina war eine Tochter von Strait Horse von Yellow Jacket. Yellow Jacket war väter- wie mütterlicherseits ein Enkel von Lock's Rondo; Zantanons Mutter Jeanette war eine Enkelin von Sy-

King im Roping Training

kes' Rondo. Yellow Jacket zeugte zwei der neunzehn Foundation Sires der AQHA.

Manuel B. Volpe aus Laredo, Texas züchtete King. Später gehörte er Jess Hankins, der auch einmal Präsident der AQHA war und der King bis zu dessen Ende behielt. King zeugte Halter Horses, Arena Performance Horses und Race Horses. Squaw H war eine der ersten seiner Töchter, die auf ihn als Vererber aufmerksam machten. Sie hatte eine erfolgreiche Rennkarriere und schlug Pferde wie Queeny, Punkin, Leota W und Miss Panama. 89'er, eine andere King-Tochter, wurde Leading Dam of Race ROM Qualifiers. King war doppelter Grandsire des Champion Running Stal-

lions und Gewinners der All-American Futurity 1960, Tonto Bars Hank.

Zu den vielen höchst erfolgreichen King-Nachkommen gehörten Royal King, King's Pistol, Cactus King, Joe Cody, Blondy's Dude, Cal Bar und Peponita.

King war ein Bay und vom Modell her ein typisches Quarter Horse, was bei seiner Abstammung nicht verwundert. Er wurde auf dem Gipfel seiner Popularität von den meisten Quarter Horse-Züchtern für den besten Hengst der Welt gehalten. Seine Registrationsnummer P-234 kennt praktisch jeder Quarter Horse-Enthusiast.

Poco Bueno

Ein Sohn von King muß besonders hervorgehoben werden: Poco Bueno. Sein Name ist praktisch gleichbedeutend mit Cutting. Poco Bueno (spanisch für „ziemlich gut") ist Stammvater eines eigenen Clans von Cutting-Pferden. Er war aus der Miss Taylor, die von Old Poco Bueno von Little Joe von Zantanon war. Miss Taylors Mutter war von Hickory Bill von Peter McCue. Poco Bueno war für viele zu seiner Zeit das ideale Quarter Horse-Modell und setzte den Maßstab in Conformation und Performance-Stil. Poco Tivio war einer seiner bekanntesten Söhne, sein Ruhm wurde aber durch den der Poco Bueno-Tochter

Poco Lena noch übertroffen, die von vielen, die etwas davon kennen, für das größte Cutting Horse aller Zeiten gehalten wird. Poco Lena war dreimal World Champion Cutting Mare und fünfmal Reserve Champion Cutting Horse. Sie hatte zwei Söhne von Doc Bar, Doc O'Lena und Dry Doc, die heutzutage zu den begehrtesten Cutting Horse-Vererbern der Rasse zählen.

Ein Pferd, das erst verschenkt und später unbezahlbar wird

Percentage war ein Vollblüter von Midway und Gossip Avenue von Bulse. Myrtle Dee

Poco Bueno beim Cutting. Im Sattel Pine Johnson

war eine Vollblutstute von Luke McLuke und aus der Civil Maid von Patriot. Von diesen beiden fiel im April 1940 ein fuchsfarbiges Hengstfohlen, dem der Name Three Bars gegeben wurde.

Obwohl Three Bars einigen Speed erkennen ließ, konnte er doch keine Rennen gehen, denn jedesmal, wenn er „voll aufgedreht" hatte, kam er lahm wieder in den Stall zurück. Man konnte nicht herausfinden, woran es lag. Schließlich wurde der Hengst an einen Hufschmied verschenkt.

Doch irgendwann verschwand das Problem, sei es, daß der Schmied eine wirksame Behandlung gefunden hatte, sei es, daß der Hengst es von allein überwand. Jedenfalls war er in der Lage, noch als Dreijähriger ein Rennen zu laufen. Er gewann.

Um diesen Teil der Geschichte kurz zu machen: Three Bars gewann in seiner Rennkarriere 20.840,– Dollar. Von seinen 28 Rennen gewann er 12, war dreimal Zweiter und einmal Dritter. Kein schlechtes Ergebnis für ein Pferd, das einmal für so wertlos gehalten wurde, daß man es verschenkt hatte! Aber als Three Bars aufgrund von Ver-

letzungen seine Rennlaufbahn beenden mußte und 1948 in die Zucht genommen wurde, erschienen seine Söhne und Töchter auf den Race Tracks und machten durch ihre Gewinne auf ihn aufmerksam.

1945 war der Hengst von Sidney Vail gekauft worden, einem Quarter Horse-Züchter. Sidney Vail gab 10.000,– Dollar für den Hengst, damals eine beachtliche Summe. Er sagte: „Als ich ihn sah, mußte ich ihn haben. Er war perfekt in jeder Beziehung – Farbe, Conformation und Disposition. Man hat einfach noch kein Pferd gesehen, wenn man Three Bars nicht gesehen hat. Ich habe nie wieder eins gesehen, dessen Conformation an ihn herangereicht hat".

Melville Haskell, einer der Gründer der American Quarter Racing Association und Direktor der AQHA, bei dem Three Bars die 1948er Saison über stand, und der immer ein Befürworter gezielter Vollbluteinkreuzung bei Quarter Horses war, meinte dazu:

„Ich habe immer gesagt, daß man nur die besten (Einkreuzungstiere) behält, und

Three Bars

man nimmt nicht einfach irgendeinen Vollblüter in sein Zuchtprogramm. Da mag nur ein (Vollblut-) Hengst in vielen Hunderten sein, der geeignet ist für die Quarter Horse-Zucht. Ein gutes Beispiel für die Art Vollblüter, die man will, ist Three Bars... (er) hat Speed und Conformation und vererbt zuverlässig immer wieder denselben Typ."

Three Bars' Söhne und Töchter waren mehr als erfolgreich. Seine Decktaxe, die 1945 100,– $ betragen hatte, war 1963 auf 10.000,– $ gestiegen. Barred und Glass Bar waren die ersten, die Three Bars als Vater in die Rekord-Bücher brachten; das war 1948. 1954 war Three Bars bereits der All-time Leading Sire von AAA-Pferden, war Dritter der Liste der Zeuger von AAA- und AA-Pferden mit sechsundzwanzig, hinter Piggin String TB und Joe Reed II mit siebenundzwanzig und Leo mit achtunddreißig Pferden. Er war auch Fünfter der All-time Leading Sires von ROM-Pferden, neben einer Reihe anderer sehr eindrucksvoller Resultate.

Acht seiner Nachkommen hielten zusammen 16 Weltrekorde, seine Nachzucht hatte zusammen bereits 82.956,– Dollar

The Ole Man, einer der berühmtesten Söhne von Three Bars, fotografiert im Alter von 21 Jahren. Seinen Namen gab man ihm nach dem Gründer der Los Alamitos Rennbahn, Frank Vessels Sr., der allgemein nur „The Ole Man" genannt wurde

gewonnen, mehr als die irgendeines anderen Hengstes (nach ihm kam Leo, dessen Nachzucht 45.306,– Dollar gewonnen hatte).

Die Anzahl der Stuten, die ihm zugeführt wurden, begrenzte man nun. Bis 1952 hatte er nur sehr wenige Stuten gedeckt, aber dann stand er in Oklahoma bei Walter Merrick und deckte 70 Stuten in der ersten Saison. Ende der fünfziger Jahre gab es viele Stutenbesitzer, die entweder ihre Stute nicht in Three Bars begrenzter Stutenliste unterbrachten oder die es sich nicht leisten

konnten. Die einfach unbedingt sein Blut haben mußten, gingen die nächstbesten oder auch recht unorthodoxe Wege – sie züchteten mit einem Three Bars-Sohn, oder sie züchteten mit einer Three Bars-Tochter, oder sie kidnappten Three Bars:

„Einer hatte ihn aus seinem Auslauf genommen", so Sid Vail, „er hatte ihn ungefähr anderthalb Meilen weit geführt, dabei unterwegs Zäune durchgeschnitten, und muß wohl versucht haben, zwei Stuten mit ihm zu decken. Anhand der Spuren konnte ich sehen, daß er mit einem Einpferdehänger gekommen war und deshalb den Weg zweimal gemacht hatte. Anscheinend hat Three Bars beim zweiten Mal irgendetwas getan, was ihn wütend machte, denn er hatte ihn mit einer Zange oder etwas Ähnlichem auf den Kopf geschlagen, was ein Loch in seiner Nase hinterließ. Anschließend hat er ihn für den Rest der Nacht auf einem alten Schrottplatz voll mit Drahtrollen frei gelassen."

Von da ab wurde Three Bars unter Schloß und Riegel gehalten.

Zwei Tage vor seinem achtundzwanzigsten Geburtstag, am 6. April 1968, starb Three Bars an einer Herzattacke auf der Ranch von Walter Merrick. Three Bars zeugte 558 Fohlen, davon liefen 424 auf Short Tracks. Von Letzteren machten 317 das Register Of Merit im Racing, 212 waren AAAT oder AAA, 90 AA und 15 A. Three Bars war Vater von 36 Show ROM-Pferden, 29 AQHA Champions und 4 AQHA Supreme Champions. Seine Nachzucht erlief in Rennen 3.207.856 Dollar. Er war ein All-time Leading Sire von Money Earners und AQHA Champions und ein Leading Maternal Grandsire von ROM-Pferden. In nur einem Jahrzehnt war Three Bars zu einer Institution in der Quarter Horse-Zucht geworden, die ihresgleichen suchte. Besonders hervorgehoben werden muß, daß seine Söhne und Töchter und Enkel nicht nur Rekord-Rennpferde waren, sondern in allen Sparten der Quarter Horse-Industrie brillierten. Darüberhinaus waren sie in der Zucht überaus potent. In einer Zeit der heißblütigen, hochnervigen Vollblüter war Three Bars' ruhiges, sanftes

Temperament fast etwas Abnormes. Doch gerade auch diese Eigenschaft, die er voll weitervererbte, war es, die seine Nachkommen nicht nur auf der Rennbahn, sondern auch in allen anderen Bereichen so überlegen machte.

Lightning Bar z. B., ein Rennpferd, AAA-klassifiziert, wurde ein AQHA Champion in der Arena und zeugte seinerseits AQHA Champions, Race ROM Qualifiers und den fabelhaften Stammvater einer Cutting Horse-Dynastie, Doc Bar. 28 Halbbrüder und Halbschwestern von ihm wurden ebenfalls AQHA Champions, drei (Kid Meyers, Fairbars und Bar Money) wurden die ersten AQHA Supreme Champions. Diese Pferde hatten ihrerseits wieder Top-Nachzucht. Sugar Bars AAA war einer der in der Zucht erfolgreichsten Three Bars-Söhne und ein Leading Sire von AQHA Champions. Einige wenige der herausragenden Three Bars-Söhne und -Töchter waren Gold Bar AAAT; Tonto Bars Gill, World Champion Quarter Running Colt (dreijährig), Vater von Tonto Bars Hank AAAT, AQHA Champion und von 1949 bis 1961 Leading Money-Earning Quarter Horse; Josie's Bar, World Champion Quarter Running Horse, Champion Mare und Champion 3-year-old Filly, Mutter von Go Josie Go, World Champion Quarter Running Horse und Champion Quarter Running Mare; Mr. Bar None, Leading Money Earner, entthronte Go Man Go als World Champion Quarter Running Horse und Champion Quarter Running Stallion.

Ein Wort noch zu Doc Bar, dem Enkel Three Bars'. Seine Söhne und Töchter

Foto folgende Seite
Abseits von Arbeit und Sport ist das Quarter Horse ein idealer Freizeitkamerad für das Wander- und Spazierenreiten

Doc Bar im Alter von 21 Jahren   Foto Pat Close/Western Horseman

haben die Cutting-Szene beherrscht in einem bis dahin noch nicht dagewesenen Ausmaß. Wenngleich das King- bzw. Poco Bueno-Blut, das viele dieser Cutting Horses über ihre Mütter mitbekamen, nicht unterschätzt werden darf, ist der Einfluß Doc Bars auf die Cutting Horse-Zucht doch ohne Parallele. Doc Bars Söhne und Töchter haben allein zusammen rund 360.000 Dollar in NCHA Futurities gewonnen, doppelt so viel wie die irgendeines anderen Hengstes. Aber seine Enkel und Urenkel sind nicht weniger erfolgreich. Außer dem monumentalen Einfluß, den er auf die Cutting Horse-Zucht gehabt hat, zeichnete sich Doc Bar aber auch als

Zeuger schöner Pferde, also Halter Horses, und anderer Performance-Pferde aus.

Die AQHA-Bosse geraten sich wegen eines Hengstes in die Haare

Man muß zugeben, daß das heutige Quarter Horse nicht den Pferdetyp darstellt, zu dessen Erhaltung das Stammbuch geschaffen worden war. Aber man muß sich auch vergegenwärtigen, daß dieser Zuchtverband von seinen Gründern so konzipiert wurde, daß die Züchter ihn selbst führten durch ihre gewählten Vertreter. Wenn die Züchter im Laufe der Zeit den

Typ des Quarter Horses verändern wollen, so muß dies halt geschehen.

Bob Denhardt, 1982

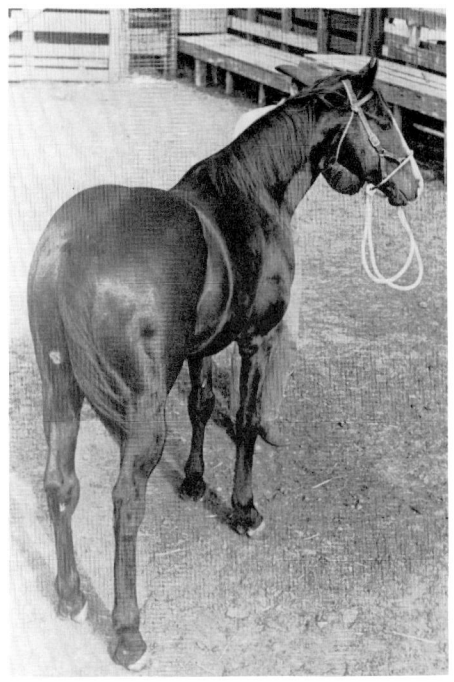

Top Deck

Eine Reihe von Jahren waren ursprüngliche Gründer der AQHA und Rancher wie Dan Casement, J. E. Browning und Helen und Maxie Michaelis in der Lage, den Vollbluteinfluß in der Quarter Horse-Zucht zu drosseln. Der Trend ging aber eindeutig in Richtung eines zunehmenden Vollblutanteils. Während des Jahreskonvents 1957 kam es jedoch zur offenen Auseinandersetzung. Das Ausführungskomitee hatte, nach den Satzungen völlig zu recht, die Eintragung Go Man Gos abgelehnt. Die Direktoren der AQHA ignorierten das aber und entschieden, ihn einzutragen. Der resultierende Schlagabtausch war so erbittert, daß einer der Anwesenden später meinte: „Am liebsten hätten wir gehabt, wenn überall Blut geflossen wäre."

Go Man Go war ein Sohn von Top Deck. Top Deck, ein Vollblüter, war auf der King Ranch gezogen worden von Equestrian von Equipoise, aus einer Man O'War-Stute. Seine Mutter River Boat war eine Tochter von Chicaro.

Schon als Fohlen erhielt Top Deck eine Verletzung am linken Vorderbein, die verhinderte, daß er selbst Rennen laufen konnte. Der Boss der King Ranch, Bob Kleberg, machte den Hengst Ernest Lane zum Geschenk. Johnny Ferguson ließ als erster von ihm decken und kaufte ihn später von Ernest Lane. Aus Lightfoot Sis, einer Stute,

die Ferguson in Louisiana gekauft hatte, züchtete er von Top Deck Go Man Go, den Hengst, der „fast ein Blutvergießen" in der Führungsspitze der AQHA verursacht hätte.

Was der Zucht von Quarter Running Horses ohne Go Man Go verlorengegangen wäre, zeigen die folgenden Daten: Er war AAAT-klassifiziert, war ein mehrfacher Stakes Winner, dreifaches World Champion Quarter Running Horse, dreifacher World Champion Quarter Running

Foto folgende Seite
Doc Chex unter Kay Wienrich im Sliding Stop, bei dem das Pferd aus vollem Galopp auf der Hinterhand stoppt und dabei meterweit auf der Hinterhand gleitet

Die Rinderarbeit ist nach wie vor der beste Leistungs- und Eignungstest für das Quarter Horse

Go Man Go

Dash for Cash, einer der besten Nachkommen Go Man Gos, beim Gewinn des Champion of Champions-Rennens 1976

Stallion und war Champion Quarter Running 2-year-old und 3-year-old Stallion. Er zeugte zwei All-American Futurity-Gewinner, Hustling Man und Goetta, und war Großvater mütterlicherseits von zwei weiteren, Mr. Kid Charge und Rocket Wrangler. Er war Leading Sire of Money Earners 1971, 72, 73, 76 und 77. Es wäre unverzeihlich, einen solchen Vererber von Short Horse Speed nicht zuzulassen. Go Man Go wurde unter der nummer 82.000 eingetragen.

Vier der ersten Sechs der All-American Futurity 1964 waren Nachkommen Top Decks der ersten oder zweiten Generation. Die Reihenfolge war:

1. Decketta von Top Deck
2. Steam Go Go von Go Man Go
3. Merry Go von Go Man Go
4. Tonto Parr
5. Hankin's Bars
6. Go Harriett von Go Man Go

Neben Three Bars und seinen Nachkommen dominierten die Top Decks die Quarter Racing-Szene der sechziger Jahre. 1966 führte Top Deck die Liste der Väter von Race Winners an, Three Bars war an zweiter Stelle in jenem Jahr und Go Man Go an dritter.

Herausragende Nachkommen Top Decks waren Moon Deck, Top Bracket, Top Flight, Top Decker, Mr. Mackay und Jet Deck, neben vielen anderen.

Fotos folgende Seiten
Links: Special Trick von der Circle L Ranch
Rechts oben: Sonny Dee Bar, ein Leading Sire und World Champion Sire, ist Three Bars- Leo-und
Midnight Jr.-gezogen   *Foto Dickinson*
Rechts unten: Beim Working Cowhorse muß das Rind, nachdem es mehrmals in jeder Richtung gegen den Zaun abgeblockt wurde, in der Mitte der Bahn in beiden Richtungen gezirkelt werden, also gezwungen werden, einen Kreis zu laufen (Birger Gieske im Sattel)

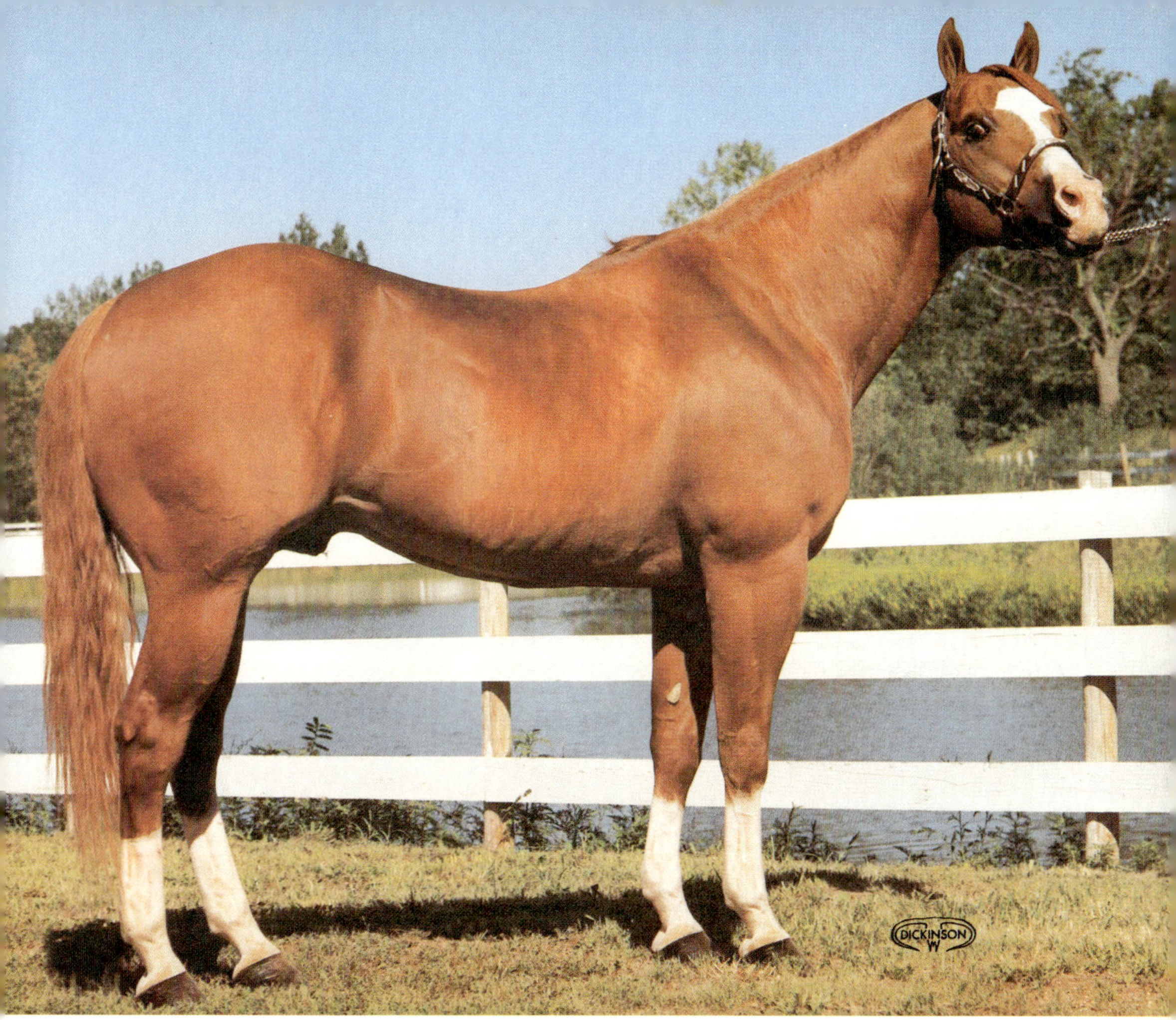
DICKINSON
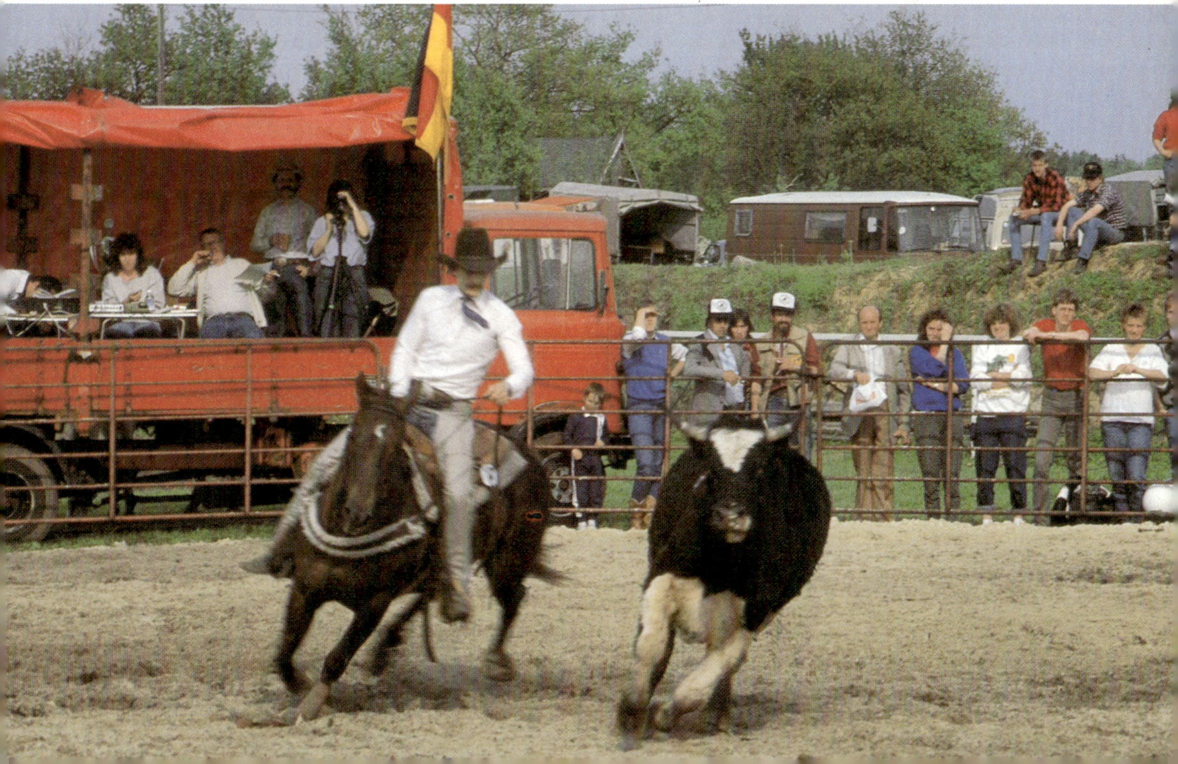

X

Was die wunderbaren Qualitäten dieses Pferdes angeht, so gibt es genug Beweise dafür. Jeder, der je eins geritten oder besessen hat, ist in der Regel überschwenglich in seinem Lob, und jeder echte Quarter Horse Fan kann endlos Stories erzählen über seine Tüchtigkeit, stets ausgeschmückt mit malerischen Namen, romantischen Begebenheiten und dramatischen Siegen in „Busch-Rennen".

Dan Casement, 1927

Gib einem „Short Horse"-Mann ein gutes Jungpferd von echtem Quarter Horse-Exterieur, und er wird dir nach nur sehr wenig Trainingsaufwand Pferdeintelligenz und Temperament demonstrieren, wie sie ideal sind für die Blitzstarts von Short Races, bei denen alle vier Hufe flach auf dem Boden stehen müssen und die andere hochblütige Pferde zu nervlichen Wracks werden lassen. Er wird dir eine Leistungsbereitschaft zeigen, die selbst in dem kürzesten Rennen absolut alles zu geben vermag. Ist er auch ein Viehzüchter und Rancher, so kann er dir ebenso Pferde-Scharfsinnigkeit demonstrieren, die in der Lage ist, die Bewegung einer Kuh abzublocken, bevor diese sich entschließen konnte, sie zu machen, die jedoch

nur das natürliche Gegenstück der physischen Fähigkeit ist, eine Kuh auf zehn Meter zu erblicken und sie zu schnappen, noch bevor sie durchstarten kann, um zu entfliehen.

Jack S. Casement, 1940

Das typische Quarter Horse ist auch heute noch auf den ersten Blick zu erkennen und unterscheidet sich von allen anderen Pferderassen der Welt. Es ist im allgemeinen von mittlerer Größe, zwischen 1,50 m und 1,55 m Stockmaß, doch kommen auch kleinere und größere Individuen vor. Auffälligste Merkmale sind die besonders ausgeprägte Bemuskelung und die im Verhältnis zu europäischen Warmblutrassen größere Hinterhand. Im Vergleich mit letzteren ist es auch kurzbeiniger. Eingefleischte Quarter Horse-Männer haben es gelegentlich auf die Formel gebracht „mehr Pferd im Verhältnis zum Stockmaß als bei jeder anderen Rasse". Das ist jedoch nur bedingt richtig, denn es gibt Kaltblut- und Ponyrassen, die nach dieser Formulierung dem Quarter Horse nicht nachstehen dürften.

Lassen wir zunächst die reinen Kaltblüter einmal weg, denn wir beschäftigen uns ja hier mit Reitpferden, und vergleichen wir einmal das Quarter Horse mit schweren Ponies oder Kleinpferden. Ein großer Norweger oder Welsh Cob zum Beispiel mag durchaus „genau so viel Pferd" sein im Verhältnis zum Stockmaß, wie ein gleich großes Quarter Horse. Er unterscheidet sich aber darin, daß er durch seinen Kötenbehang, sein dickes Langhaar und meistens auch durch schwerere Knochen, die auf Kosten der Leichtfüßigkeit und Wendigkeit gehen, mehr Kaltblutanteile verrät. Das Quarter Horse hat keinen Kötenbehang, und sein Langhaar ist fein und seidig. Mit anderen Worten, das Quarter Horse ist viel edler, als andere Rassen ähnlichen Kalibers, und sein Kaliber hat es – neben einem starken Rumpf auf relativ kurzen Beinen, durch den es sich wie die zum Vergleich herangezogenen Pferde auszeichnet – aufgrund einer besonders ausgeprägten Muskulatur.

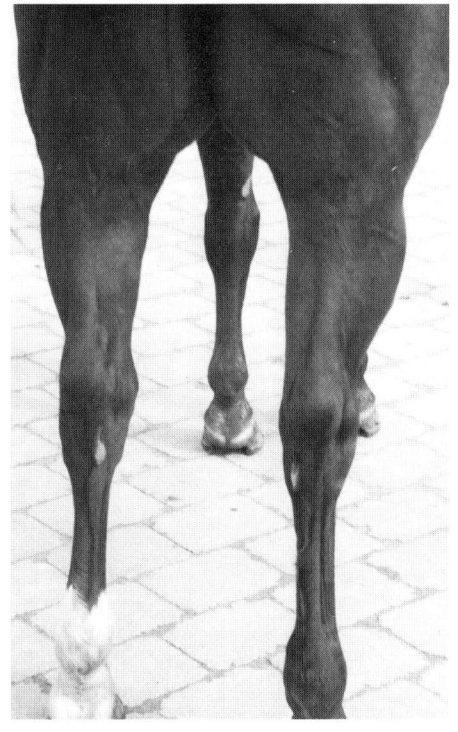

Deutlich ist hier der auch auf der Innenseite ausgeprägte Gaskin-Muskel erkennbar (Jae Bar Fox, Jomm Ranches)

Viele denken an Kaltblüter, wenn von starker Muskulatur die Rede ist. Ein Kaltblüter ist im Vergleich mit einem guten Quarter Horse schlecht bemuskelt – oder zumindest anders. Kaltblüter ziehen mehr mit der Vorhand, indem sie ihr Gewicht in den Zug legen; aufgrund ihres Gewichtes sind sie stark. Die Muskulatur des Quarter Horses ist anders. Sehen wir uns einen Kaltblüter von hinten an: die Hüfthöcker bilden in der Regel die breiteste Stelle der Hinterhand, bei besonders gut bemuskelten mag die Muskulatur der Knie die Breite des Hüfthöckers erreichen. Die Muskeln auf der Kruppe sind häufig sehr ausgeprägt und lassen so in der Mitte eine Furche entstehen. Beim Quarter Horse dagegen bilden die Muskeln der Kniepartie (Stifle genannt) die breiteste Stelle der Hinterhand, eine

Fotos folgende Seiten
Links: Draußen auf den Ranches muß das Quarter Horse Knochenarbeit leisten. Hier werden unter Arizonas glühender Sonne Bullenkälber gefangen und zum Kastrieren, Enthornen, Impfen und Brennen zur Ground Crew an's Feuer geschleppt
Rechts: Auch dem Feedlot Cowboy ist das Quarter Horse ein unentbehrlicher Helfer. Hier müssen täglich Tausende von Ochsen kontrolliert, die kranken ausgesondert und verarztet werden

Furche auf der Kruppe ist, wenn überhaupt vorhanden, nur schwach ausgeprägt.

Großer Wert wird auf den Gaskin-Muskel gelegt, besonders darauf, daß er auch auf der Innenseite des Beines ebenso stark ausgebildet ist und tief in das Sprunggelenk hineinreicht, etwas, das wir nicht nur bei Kaltblütern vermissen, sondern auch bei fast allen Warmblutrassen nicht finden.

Auch die Bemuskelung der Vorhand ist beim Quarter Horse eine andere als beim Kaltblüter. Sie ist generell ausgeprägter als die des Kaltblüters, was besonders für die des Unterarms (Forearm genannt) zutrifft, also die zwischen dem Vorderfußwurzelgelenk und dem Ellbogen. Beim Quarter Horse ist sie innen wie außen sehr stark. Die Brust ist bei Kaltblütern oder kaltbluthaften Pferden eher flach, zeichnet sich beim Quarter Horse aber durch vorspringende Muskeln aus. Von vorn gesehen teilt sich die Brustmuskulatur in Form eines auf dem Kopf stehenden V, ein Merkmal, dessen ausgeprägtes Vorhandensein für jeden Quarter Horse-Kenner von Wichtigkeit ist.

Unnötig ist, zu erwähnen, daß die übrige Bemuskelung des Quarter Horses auch entsprechend ausgebildet ist. Charakteristisch sind die dicken, vorstehenden Kinnbackenmuskeln, die natürlich im Zusammenhang mit der gesamten Muskulatur stehen und deshalb dem Experten schon vom Kopf her Rückschlüsse auf das ganze Pferd ermöglichen. Am zutreffendsten kann man das Quarter Horse als einen kurzbeinigeren, stark bemuskelten Vollblüter kennzeichnen.

Nun ist das Quarter Horse kein Body-Building-Pferd (wenigstens nicht in erster Linie), und Bemuskelung ist nicht alles. Um den Stock Type oder Quarter Type, wie er auch genannt wird, weil das Quarter Horse eben den Stock Type schlechthin darstellt, zu charakterisieren, können wir die Bemuskelung auch einmal ganz weglassen. Eine gute Bemuskelung gehört zweifellos zu einem guten Quarter Horse, aber nicht unbedingt eine extrem ausgeprägte. Vielmehr kommt es auf die Proportionen des Skeletts an und auf seine Winkelungen. Daß das Quarter Horse im Verhältnis zu seinem Gewicht eher leichtknochig ist, wurde schon erwähnt, ebenso, daß es, verglichen mit unseren Warmblutrassen, kurzbeiniger ist.

Während aber unsere Warmblüter, übertrieben gesagt, oft nur aus Vorhand bestehen, ist beim Quarter Horse die Hinterhand das Dominierende. Deshalb war weiter oben von einer „größeren" Hinterhand die Rede, denn das ist eine Sache der Proportionen, nicht nur der Bemuskelung. Unsere Warmblüter haben meistens einen Widerrist, der ziemlich scharf ausgeprägt und höher als die Kruppe ist, und ihre Kruppe ist kürzer, abgesehen davon, daß sie oft nicht so schräg ist, wie die des Quarter Horses. „A big hip, a long hip", eine große oder lange Hüfte ist ein Kriterium für den Quarter Horse-Züchter und etwas, wovon bei einem Pferd gesprochen wird, geradeso, wie hierzulande viel von einer „großen Schulter" die Rede ist. Ein Quarter Horse soll unbedingt eine schräge und lange Schulter haben, aber die Prioritäten sind anders gesetzt – die Hinterhand ist so hoch wie der mittelhohe Widerrist und oft sogar etwas höher, was nicht unbedingt als Mangel angesehen wird, und die Hüfte ist vor allem lang und schräg. Diese Proportionen, zusammen mit einem kurzen Kopf, mittellangen Hals und nicht zu langen Beinen, machen den Rahmen des Quarter-Typs aus. Die Muskulatur, ob gut oder extrem ausgeprägt, kommt in zweiter Linie.

Bezüglich der Muskulatur wird heute meistens längeren, sehnigeren Muskeln der Vorzug vor allzu quelligen gegeben.

Um das Erscheinungsbild vollständig zu beschreiben, seien hier noch andere Charakteristika erwähnt:

Der Kopf ist, wie gesagt, kurz. Durch die starken Ganaschen, die kleine, feste Maulpartie und die gerade Nasenlinie ist er, von der Seite gesehen, keilförmig. Die Stirn ist breit, und bei den stark bemuskelten Typen finden wir auch auf der Stirn Muskelwülste, die in der Mitte unter der Stirnlocke einen „Scheitel" haben. Durch die breite Stirn liegen die Augen weit auseinander, sie sind groß, intelligent und freundlich. Die Ohren sind typischerweise klein, immer aber fein geformt und beweglich.

Der Hals soll in einem Winkel von 45 Grad angesetzt und vor dem Widerrist gut abgesetzt sein. Er ist ausreichend lang und soll in der Kehle gut ausgeschnitten sein (Ganaschenfreiheit). Ein ausgeprägter „Kragen" ist atypisch und nicht erwünscht. Besonders bei Halter Horses wird der Hals fein und schlank gewünscht, man spricht von einem „Pencil Neck", also einem „Bleistifthals". Der Widerrist ist gut ausgeprägt, aber nicht scharf und hoch. Er soll weit in den Rücken hineinreichen. Die Schulter soll lang und schräg und gut mit Muskeln bepackt sein. Der Rücken ist breit und kurz und close-coupled, was man wohl nur mit

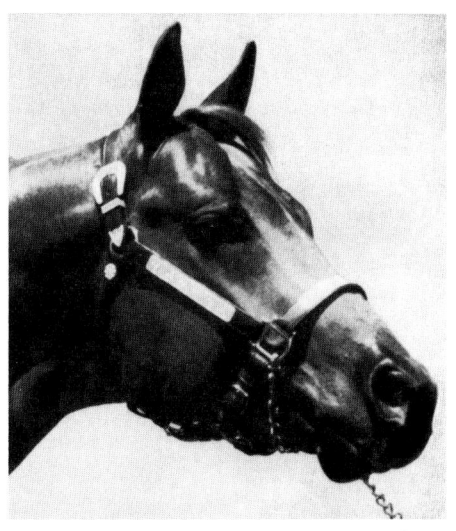

Ein vorbildlicher Quarter Horse-Kopf, mit kleiner, fester Maulpartie, starken Ganaschen und stark ausgeprägten Stirnmuskeln

„sehr gutem, kurzem Übergang zur Hinterhand" übersetzen kann. Jack Casement formulierte es einmal so: „Ein Rücken, der ganz aus Lende besteht".

Die Brust des Quarter Horses ist eher breit, obwohl heute kein so unbedingter Wert mehr auf die Brustbreite gelegt wird, die ja für ein Reitpferd nicht so wichtig ist wie deren Tiefe. Vorbildliche Gurttiefe wird darum bei einem guten Quarter Horse verlangt. Schmalbrüstige Pferde wären jedoch fehlerhaft, bzw. solche, deren Vorderbeine

Fotos folgende Seiten
Links: Das Quarter Horse bei der Cutting-Arbeit. Nach blitzartigen Manövern, die erforderlich sind, um ein Rind von der Herde zu trennen, muß das Pferd wieder ruhig und beherrscht (unten) in die Herde eintauchen, ohne diese zu beunruhigen, um ein weiteres Tier auszusondern
Rechts: Team Roping. Wie die Kugel aus dem Lauf kommen die Pferde aus der Startbox herausgesccchossen. Innerhalb weniger Sekunden hat das Pferd den Header (der hier schon das Rope schwingt) an das Rind in Wurfposition gebracht. Nachdem der Kopf gefangen ist, fängt der Heeler die Hinterbeine

Schon beim Quarter Horse-Fohlen sind die Anlage zur Bemuskelung und die mächtige Hinterhand erkennbar

Oben hochprämierte deutsche Warmblutstute

Darunter, zum Vergleich auf die gleiche Größe gebracht, der Quarter Horse Hengst Tiny Watch (kein Halter-Body Builder, sondern ein AAAT-Rennpferd, das über 100.000,- Dollar gewonnen hat). Die gewaltigere Hinterhand ist ebenso augenfällig wie die andere Winkelung

zu eng beieinander stehen, da man der Meinung ist, daß eine gewisse Breite, zusammen mit in gutem Abstand plazierten Vorderbeinen, für die Standfestigkeit und das Gleichgewicht des Pferdes erforderlich ist. Ein relativ kurzbeiniges Pferd, dessen Beine „außen an jeder Ecke" plaziert sind, hat die größte Stabilität und die beste „Straßenlage", um einen Begriff zu gebrau-

chen, unter dem sich viele heute mehr vorstellen können. Durch dieses Gebäude hat das Quarter Horse einen tiefen Schwerpunkt, der ihm in Verbindung mit dem beschriebenen weiten „Radstand" diese optimale Stabilität in Stops, Kurven und Wendungen, aber besonders auch am Ende eines Ropes (Lassos) gibt, an dessen anderem Ende ein tausend Pfund schwerer Bulle hängen mag.

Bei den vielen z. T. sehr unterschiedlichen Bereichen und Disziplinen, in denen das Quarter Horse Verwendung findet und für die es häufig speziell gezüchtet wird, ist es nur natürlich, daß solchen Exterieurmerkmalen unterschiedliches Gewicht beigemessen wird. Cuttingpferde sind im Schnitt eher klein, und einige kommen mit für Quarter Horses recht schmaler Brust ganz gut zurecht. Ropingpferde werden recht groß gewünscht, da ihnen ihre Arbeit

Tony (von Possum) ist ein exzellentes Beispiel für den alten Quarter Horse-Typ

durch höheres Eigengewicht leichter fällt, das sie „in die Waagschale werfen" können. Eine zu breite Brust ist Reiningpferden eher hinderlich, besonders beim Überkreuzen der Vorderbeine im heutzutage geforderten flachen Spin. Pferde, die in erster Linie zu Rennzwecken gezüchtet werden, dürfen etwas langbeiniger und auch länger im Rücken werden, ohne daß sie deshalb benachteiligt sein müssen. Peter McCue, Joe Reed oder Jet Deck sind dafür Beispiele. Als Cowboypferd, als Ranchpferd jedoch ist der gute alte Quarter Horse-Typ noch immer das Ideale, von ihm werden All-round-Fähigkeiten erwartet und höchste Geländegängigkeit.

Gewissermaßen „Markenzeichen" des Quarter Horses ist dessen gewaltige Hinterhand, die so eindrucksvoll ist, weil sie einmal größer ist im Vergleich zu anderen Warmblutrassen, indem sie mindestens die Höhe des Widerrists erreicht und eine sehr lange Hüfte aufweist. An diesem großangelegten Rahmen ist nun eine Muskulatur befestigt, wie man sie sonst bei keiner Rasse findet und wie sie bei einem Pferd nicht ausgeprägter vorstellbar ist. Typisch sind

Foto folgende Seiten
Mr. San Peppy und Buster Welch beim Cutting auf der King Ranch   *Foto King Ranch*

Der berühmte Peppy San, World Champion Cutting Horse, entspricht noch weitgehend dem alten Quarter Horse-Typ. Vorbildlich seine kurzen Röhren

dabei die weit hinunterreichenden „Hosen" und die Tatsache, daß die Muskulatur innen wie außen ausgebildet ist.

Ganz wichtig sind die kurzen Röhren des Quarter Horses, da diese mit verantwortlich sind für den tiefen Schwerpunkt des Pferdes. Auch die hohe Beweglichkeit und Wendigkeit verdankt das Quarter Horse nicht zuletzt der optimalen Hebelwirkung der Gliedmaßen durch das durch eine kurze Röhre bedingte kurze Gliedmaßenende, also einem kurzen unteren Hebelarm.

Da wir nun bei den Gliedmaßen sind: sie sollen genau so gerade und korrekt sein, wie dies in unseren hiesigen Zuchten gefordert wird. Im Verhältnis zum tiefen und stark bemuskelten Rumpf erscheinen dem nur an europäische Rassen gewöhnten Pferdemann die Knochen des Quarter Horses zu dünn, seine Hufe zu klein. Die Dicke (ich sage absichtlich nicht „Stärke") der Knochen, z. B. der Röhrbeinumfang, hat aber nichts mit deren Tragfähigkeit zu tun. Wie stark und tragfähig sie sind, hängt von ihrer Beschaffenheit, ihrer Qualität ab und nicht von ihrer Masse oder Quantität. Ein Pferd fällt auch so gut wie nie wegen verschlissener Knochen aus, sondern in der Regel sind es die Sehnen, Bänder und Gelenke, welche die Schwachpunkte darstellen. Niemand mißt jedoch z. B. den Sehnenumfang. Natürlich sollen die Gliedmaßen trocken, mit klar markierten Sehnen und Gelenken sein.

Das gilt auch für das Quarter Horse, und in der Beziehung läßt es auch nichts zu wünschen übrig.

Der relativ kleine, gut geformte Huf zeigt nur wieder, zusammen mit dem Fehlen eines Kötenbehanges und dem eher feinen Knochenbau, daß wir es hier nicht mit einem kaltbluthaften, sondern mit einem hochblütigen, edlen Pferd zu tun haben. Obwohl es Pferdeleute gibt, die sagen, ein Huf könne gar nicht groß genug sein, solange er gut geformt ist, muß man doch sehen, daß alle hochblütigen Pferde kleine Hufe haben. Das Quarter Horse, als rumpfiges und zudem stark bemuskeltes Pferd, bringt zwar relativ viel Gewicht auf diese kleinen Hufe, doch bin ich nicht nur überzeugt, daß seine Hufe ihrer Aufgabe absolut gerecht werden, sondern Hunderttausende von Quarter Horses haben dies in harter Rancharbeit, auf Rodeos und auf der Rennbahn bewiesen. Probleme, wie wir sie noch ansprechen werden, treten da auf, wo diese Pferde in extrem unnatürlicher Weise gehalten und gemästet und zu früh belastet werden. Unter solchen Voraussetzungen dürfte kaum ein Pferd irgendeiner Rasse gesund bleiben.

Eine kurze Oberlinie und lange Unterlinie wird als typisch für das Quarter Horse angesehen. Dieser Eindruck wird wohl durch den kurzen Rücken und die schräge Schulter hervorgerufen. Der tiefste Punkt

Fotos folgende Seiten
Links: Taris Catalyst von Doc Tari unter Dell Bell. Dieser Hengst hat über 300000 Dollar im Cutting gewonnen. In unübertrefflicher Weise demonstriert er hier die katzenhaften Aktionen des Cutting Horses, auf den Sprunggelenken sitzend, so dicht am Boden, daß der Reiter mit den Steigbügeln diesen berührt. Der durchhängende Zügel zeigt das selbständige Arbeiten des Pferdes
Rechts oben: Quarter Horse Zuchtstuten auf einer Weide in Texas
Rechts unten: Das Abblocken des Rindes gegen die Fence beim Working Cowhorse

Foto Jomm Ranches

der Unterlinie soll zwischen den Vorderbeinen sein. Tiefe in der Lendenpartie ist gefordert, „aufgezogene" Pferde sind fehlerhaft.

Das Quarter Horse hat im normalen Stand die Beine gut unter sich. Eine gewisse Vorlage oder Vorneigung kann vielfach beobachtet werden, wobei die Vorderbeine dann keine Senkrechte zum Boden bilden, sondern leicht schräg nach hinten stehen. Dies ist einfach eine Angewohnheit, die bei Quarter Horses oftmals zu beobachten ist. Wichtig dagegen ist die Fähigkeit, die Hinterhand gut untersetzen zu können. Die Winkelung der Hinterhand ist durchschnittlich etwas steiler, als bei unseren Warmblutrassen, was dem Arbeiten auf der Hinterhand förderlich zu sein scheint. Ein nach hinten ausgestelltes Hinterbein ist fehlerhaft. Die Hinterhand, mächtig, gut unterstehend, mit langem oberen und kurzem unteren Hebelarm und starker Bemuskelung, stellt nicht nur einen gewaltigen Motor dar, sondern auch die Basis, auf der das Quarter Horse mühelos und perfekt arbeiten, d. h. sich ausbalancieren, stoppen und wenden kann.

Oben die Hinterhand des berühmten Springpferdes Warwick Rex

Darunter zum Vergleich die eines Quarter Horses, die mehr untersteht

XI

Keine anderen Pferde der Welt werden von so viel Menschen für so viele verschiedene Zwecke gebraucht wie Quarter Horses.

American Quarter Horse Association

Als die Deutsche Quarter Horse Association 1975 aus der Taufe gehoben wurde, standen die meisten frischgebackenen Quarter Horse-Besitzer oder Fans in unserem Lande unter dem Eindruck, diese Pferde kämen mit einer Art Heiligenschein auf die Welt, und wenn sie etwa drei Jahre alt sind, würden sie unter dem Reiter mehr oder weniger von allein anfangen, Spins oder Sliding Stops zu machen. Was sie von diesen Pferden gesehen hatten, wie vorbildlich sie sich benahmen und wie spektakulär sie unter dem Sattel zu gehen imstande waren, stand und steht in der Tat in krassem Gegensatz zu dem, was man von den heimischen Pferden und der hiesigen Reiterei gewöhnt war.

Daß auch diese Pferde erst einmal gut erzogen werden müssen, daß auch sie eine fachmännische Ausbildung brauchen und auch, daß sie – je hochspezialisierter ausgebildet, desto leichter – verritten, verdorben werden können, mußte erst einmal gelernt werden. Wer wie ich diese Entwicklung von Anfang an verfolgt hat, wird sich an so viele Pferdeschicksale erinnern können. Pferde, die mit guten Manieren und korrekt zugeritten aus Amerika herüberkamen und von Leuten, die meinten, weil sie das Geld hatten sie zu kaufen, hätten sie auch die Qualifikation sie zu reiten, in kürzester Zeit verdorben wurden. Dann wurde das Tier unter Hinweis auf dessen Leistungen in Amerika an irgendeinen Ahnungslosen verkauft, meistens mit Verlust, und ein neues wurde angeschafft, dem es in der Regel nicht bes-

Fotos folgende Seiten
Links oben: Michael Marquart reitet Miss Nellie Jack im Spin. Gut ist zu sehen, wie die Stute ihr Gewicht auf die Hinterhand genommen hat.
Links unten: Siegerehrung bei einer AQHA Western Pleasure-Klasse in Deutschland
Rechts: „Joe" Buckskin Dear, von Gay Britches und aus der Jo's Little Lady, setzte in Deutschland über Jahre den Maßstab bezüglich der Conformation. Er ist seit einigen Jahren im Besitz von Hans und Gabi Kocherscheidt

ser erging. Einigen, die mit Quarter Horses handelten, muß auch der Vorwurf gemacht werden, daß sie den Leuten in unlauterer Weise vorgemacht haben, sie brauchten, um diese Pferde reiten zu können, nicht reiten zu können.

Wenn das auch so war und vielleicht noch immer nicht ganz ausgestorben ist, so muß man doch ganz objektiv feststellen, daß das Quarter Horse wirklich ganz fantastische innere Qualitäten hat, wie ein gutartiges, freundliches Wesen, ein angenehmes Temperament, Sensibilität, Nervenstärke und Intelligenz. Diese Eigenschaften erleichtern es tatsächlich enorm, mit diesen Pferden umzugehen, sie auszubilden und auch, mit ihnen zurechtzukommen und glücklich zu werden, ohne ein Experte zu sein; sie machen die erstaunlichen Leistungen und Verhaltensweisen dieser Pferde überhaupt erst möglich.

Ich sollte hier vielleicht erwähnen, daß es inzwischen glücklicherweise eine Reihe von Betrieben in Deutschland gibt, die qualifizierten Unterricht im Westernreiten erteilen.

Wenn wir so über eine Rasse sprechen, dann muß zwangsläufig verallgemeinert werden. Individuelle Unterschiede und Ausnahmen gibt es in jeder Rasse und überall. Als Rasse sucht das Quarter Horse unter anderen Rassen in bezug auf Ausgeglichenheit, Problemlosigkeit in der Handhabung und im Umgang, Gelassenheit, Sensibilität und Zuverlässigkeit seinesgleichen, vor allem, wenn man sein Interieur, seine Disposition, in Relation zu seinen Leistungen setzt. Manch eine Pony- oder Kleinpferderasse mag ähnlich gutartig und problemlos sein, aber von ihr werden keine rasanten Spins und Stops, keine Weltrekordzeiten über 200, 300 oder 400 Meter,

Auch das spricht für den angenehmen Charakter der Quarter Horses: Ohne Trennwände werden die Pferde der Cowboys auf Hängern – lose angebunden – transportiert, 5, 6, manchmal 10 in einer Reihe

keine „Wettrennen" mit Rindern oder gegen die Uhr (Barrel Racing), keine fliegenden Galoppwechsel in Serie (Pole Bending), keine spektakulären Aktionen im Cutting erwartet. Für all dies muß ein beträchtliches Temperament vorhanden sein, und für all dies muß es sich – mit Ausnahme der Short Races – gleichzeitig fein und präzise zügeln lassen. Dieses gleichzeitige Vorhandensein von Leistungsbereitschaft, die Rekordzeiten möglich macht und Bewegungsabläufe, wie wir sie bei keiner anderen Reitweise in dieser Rasanz und Brillanz finden, und einer Sensibilität, die bei all dieser Hektik eine Kontrolle, ja eine feine Zügelführung möglich macht, dieses gleichzeitige Vorhandensein ist es, das dieses Pferd so auszeichnet.

Da stehen auf einer Show eine Reihe von Hengsten dicht zusammen in einer Klasse oder mit Stuten und Wallachen auf dem Turniergelände. Aber sie benehmen sich wie die perfekten Gentlemen, brauchen kaum einmal ermahnt oder zurechtgewiesen werden. Unzählige Beispiele gibt es für Hengste, die auch in gemischten Gruppen zu reiten sind, als seien sie Wallache. Wer weiß, wie chaotisch es gerade bei hiesigen Rassen mit Hengsten zugeht, wie sie oft kaum gebändigt werden können und eher wie Raubtiere behandelt werden, dem muß der Unterschied auffallen. Ein Hengst bleibt ein Hengst und ein potentieller Kämpfer und Verteidiger seiner Herde, und ich bin der Meinung, das sollte man nie, auch bei dem artigsten Hengst nicht, außer acht lassen. Der angenehme Charakter des Quarter Horses und Quarter Horse-Hengstes ist aber offenkundig.

Es ist eine besondere Eigenschaft des Quarter Horses, daß es sich „aufdrehen" läßt, auch für explosionsartige Action, und dann innerhalb kürzester Zeit wieder ruhig dasteht, als sei nichts geschehen und sich entspannt. Ebenso kann es, wie z. B. beim Cutting, für Sekunden alles geben, blitzartig und katzenhaft hin- und herspringend, um dann, zwar immer noch unter Spannung und höchst aufmerksam, wieder in die Herde „eintauchen", wo es absolut beherrscht sein muß und keine hastige Bewegung machen darf, um diese nicht zu beunruhigen und auseinander zu sprengen. Und all dies geschieht am losen, meist sogar „weggeworfenen" Zügel, fast nur auf Gewichtshilfen!

Ein Wunderpferd? Ja, ein Wunderpferd, wenn man dabei nicht vergißt, daß diese Höchstleistungen auch Höchstleistungen des Ausbilders oder Trainers bedingen. Aber versuchen Sie das mal mit einem anderen Pferd...

Wie schon gesagt, Ausnahmen gibt's überall. Es gibt Individuen in anderen Rassen, die in Bereichen an das Quarter Horse heranreichen, und es gibt schlechte Quarter Horses. Wer aber kritisiert oder gar schlechte Erfahrungen gemacht hat, der sollte fair

und objektiv bleiben. Eine weithin anerkannte Pferdekennerin hat mir einmal von einem Versuch berichtet, eine Schaunummer zusammenzustellen, wobei man es auch mit Quarter Horses versucht hatte. Angeblich vergeblich, weil es sich dabei um „Spinner" gehandelt habe. „Und das bei einer Rasse von einer Million Pferden", war der entrüstete Kommentar. Das halte ich für weder fair noch objektiv, denn erstens gab es damals – dies liegt etwa zehn Jahre zurück – herzlich wenig Quarter Horses in Deutschland, und zum anderen stand ihr allemal nicht das ganze Potential von damals einer Million Pferden (inzwischen sind es über zwei Millionen) zur Verfügung, so daß sie sich nur hätte bedienen brauchen. Auf die Zuverlässigkeit und den guten Charakter dieser Pferde läßt keiner etwas kommen, der sie wirklich kennengelernt hat.

Wir haben bisher viel von Rennen, Kurzstreckenrennen, gehört. Wie erklärt es sich, daß für Rennen gezüchtete Pferde gleichzeitig ein so gutartiges Temperament haben können? Wieso hat das Quarter Horse diesen Cow Sense, diesen „Rinderverstand", der es instinktiv wissen läßt, was ein Rind zu tun beabsichtigt und was es tun muß, um das Rind zur gewünschten Reaktion zu veranlassen? Kann ein Pferd, dessen Sprintvermögen nur so weit reicht, „wie es die Luft anhalten kann", ausdauernd genug sein, stunden- oder tagelang bei der Rancharbeit durch strapaziöstes Gelände geritten zu werden? Wieso konnten besonders frühe Vollblüter und deren Vorläufer, die doch für lange Renndistanzen gezüchtet wurden, so überragende Sprinter zeugen? Das sind einige Fragen, mit denen wir uns etwas näher befassen wollen.

Organisierte Short Races, wie wir sie heute haben, mit Starting Gates, wie wir sie auch

Bewegungsstudien eines Cutting Horses (Doc Chex)

von unseren Vollblutrennen her kennen, gibt es erst seit relativ kurzer Zeit. Früher wurden die Match Races oft spontan verabredet, der Track war ein Behelf, und über die Praktiken beim Start wurde schon in einem vorausgehenden Kapitel berichtet. Bei einem solchen Start hing viel von der Nervenstärke eines Pferdes ab. Das Pferd, das ruhig abwarten konnte, bis wirklich das Startzeichen gegeben wurde, um dann aus dem Stand heraus zu explodieren, war klar im Vorteil. Umgekehrt war ein Pferd benachteiligt, wenn es sich unnötig aufregte, schwer zu halten und zu manövrieren war. Diese Starts, bei denen jeder Jockey versuchte, den anderen auszutricksen, dauerten oft mehrere Stunden. Sie stellten daher eine erhebliche Anforderung an das Nervenkostüm eines Pferdes dar. Dazu kommt, daß nicht selten ein Pferd mehrere Rennen an einem Tag ging. Es gibt vielleicht viele Pferde, die phlegmatisch genug sind, ein solches Treiben in Ruhe über sich ergehen zu lassen, doch sind die nicht unbedingt in der Lage, die Viertelmeile in 22 Sekunden zu laufen! Hier hat also von Anfang an, seit den Tagen vor *Janus, eine Selektion in eine bestimmte Richtung stattgefunden. Außerdem war es von Beginn an so, daß das Quarter Horse ein Allround-Pferd war, das seine Arbeit zu verrichten hatte und nur zu bestimmten Gelegenheiten dem sportlichen Ehrgeiz und der Wettleidenschaft seines Besitzers Rechnung tragen mußte.

Seit der letzten Hälfte des vorigen Jahrhunderts wurde das Quarter Horse dann mehr und mehr als Cow Horse auf Ranches eingesetzt, wodurch diese Selektion auf Sprintstärke und gleichzeitige nervliche Belastbarkeit eine neue Dimension bekam.

Ohne Ausdauer ging es natürlich von Anfang an nicht, ohne sie hätte es kein All-

round-Pferd sein können. Doch auch bezüglich der Ausdauer wurde das Quarter Horse verbessert, als man anfing, es als Ranch Horse zu gebrauchen. Nicht nur durch entsprechende Selektion, sondern auch durch die bereits erwähnte Verbindung mit den im Südwesten vorhandenen (spanischen) Cow Horses, die so ziemlich das Ausdauerndste darstellten, was man sich in der Pferdewelt vorstellen kann. Die Leistungen gezähmter Mustangs gerade über Distanzen dürften von keiner anderen Rasse der Welt erreicht worden sein.

Wenngleich das Quarter Horse seine Höchstgeschwindigkeit nur über eine kurze Strecke bringt, kann es doch in langsamerem Arbeitstempo den ganzen Tag gehen und ist ein unermüdlicher Arbeiter.

Vor der Neuregelung der Vollblutrennen über lange Distanzen, mit geringeren Gewichten, welche die endgültige Ausrichtung auf Geschwindigkeit allein, ohne dabei die Tragfähigkeit zu fordern, bedeutete, war das Rennpferd im Exterieur nicht so verschieden vom reinen Sprinter oder Short Horse. In anderen Worten, zur Kolonialzeit glichen die Long Horses, die Langstrecken-Rennpferde, mehr den heutigen Quarter Horses als den heutigen Vollblütern. Damals waren mehrere Vier-Meilen-Vorläufe die Regel, und anschließend wurde dann der Endlauf gemacht. Oft fand alles an einem Tag statt. Dazu trugen die Pferde (Reiter-) Gewichte von 140 bis 150 Pfund. Einem Pferd, das praktisch den ganzen Tag unter solchem Gewicht geht, alles in allem vielleicht 12 oder 14 Meilen, kommt eine kompaktere, stärker bemuskelte Statur vielleicht doch besser zustatten, als wenn es nur, wie die Vollblüter heute, einmal über die Meile läuft, selten weiter, häufig weniger, dazu unter wesentlich geringerem Gewicht. Tatsache ist wohl, daß der Vollblüter sich erst entscheidend in Richtung seiner heutigen hochbeinigen, schmalen Statur entwickelt hat, nachdem die Rennen in der oben beschriebenen Form geändert wurden. Viele der aus England importierten Rennpferde hielten unter den Anforderungen der Vorläufe und langen Rennen unter höherem Gewicht einfach nicht durch, und der Jockey Club änderte deshalb 1809 seine Regelungen entsprechend. Vordem war es entscheidender für ein Pferd gewesen, unter den harten Bedingungen durchhalten zu können, als z. B. die Meile einmal in noch nicht dagewesener Zeit zu laufen.

Einige Hengste, wie z. B. Sir Archy, haben sowohl beste Short Horses wie Long Horses gezeugt. *Janus war lange vor ihm geboren und importiert worden. Er war genau so gezogen, wie andere englische (Long) Horses. Aber er war eine Ausnahme. Er war ein reiner Sprinter, und er zeugte auch nur Sprinter. Auch seine Conformation war völlig anders als die aller anderen Pferde, und weil er sie zuverlässig weitervererbte, konnte er fast im Alleingang die „Rasse" des Quarter-of-a-Mile Running Horses gründen. Man muß sich bei ihm wirklich fragen – wie vielleicht auch bei Steel Dust –, ob er nicht eine Mutation war, ein durch einen Erbsprung entstandener neuer Pferdetyp, der deshalb auch nur seinen Typ und keinen anderen vererben konnte.

Ausdauer brachte also das Quarter-Rennpferd aus Amerikas Osten schon mit, als es mit den spanischen Pferden des Südwestens zusammentraf, und Nervenstärke ebenso. Der Cow Sense mag schon in ihm geschlummert haben, da es ja einen nicht unerheblichen Anteil spanischen Blutes durch die Chickasaw-, Cherokee- und andere Indianerpferde des Südostens führte, auf denen seine Zucht aufgebaut worden war. Außerdem hatten auch die aus England importierten Rennpferde einen gehörigen Anteil spanischen Blutes, denn viele, wenn nicht die meisten Orientalen, mit denen die Engländer ihre Pferdezucht veredelt hatten, waren Spanier, also Andalusier.

Lange vor Einführung der drei Stammväter des Englischen Vollbluts, Byerly's Turk, Darley's Arabian und Godolphin's Barb, kannte man auf den britischen Inseln Pferderennen und hatte man Pferde aus Spanien importiert, die man für Orientalen und Berber hielt, da auch Spanien für die Briten „Orient" war. Z. B. gingen 1623 sechsunddreißig Andalusierhengste und über dreißig tragende Stuten als Geschenk an den englischen Hof, die nach Auflösung des Gestüts in Privathände übergingen und sicher Ausgangsmaterial stellten für die Stammütter des Englischen Vollbluts. Auch danach wurden hauptsächlich Andalusier- und Berberhengste eingeführt, wobei es sich bei den „Berber" genannten Pferden auch überwiegend um Andalusier gehandelt haben dürfte.

Die Spanier hatten aber ihre Pferde schon seit Jahrhunderten für die Rinderarbeit (Kampfstierzucht) gezüchtet. Diese werden daher einen gewissen, vermutlich sogar einen erheblichen Cow Sense mitgebracht haben. Die Cow Horses des Südwestens nun, mit welchen sich die aus dem Osten kommenden Short Horses verquickten, waren praktisch rein spanischer Abstammung, ein Blutanschluß war also gegeben. Der Cow Sense dieser spanischen Pferde war auch auf dem neuen Kontinent seit ihrer Einfuhr immer wieder gefordert und gefördert worden. Die Rennpferde aus dem

Osten gaben dem Cow Horse mehr Speed, und der Cow Sense des letzteren scheint zumindest nicht gelitten zu haben bei dieser Verbindung, sicher ist er aber in den letzten hundert Jahren noch weiterentwickelt worden.

Bob Denhardt schreibt in seinem Buch „The Horse of the Americas" im Prinzip das, was auch sonst in der Literatur überwiegend zu finden ist: daß die Mauren und Berber unter der Führung einiger Araber bei der Invasion Spaniens berberische und arabische Pferde nach Spanien brachten und daß deshalb das spanische Pferd, das durch Kolumbus und andere Eroberer nach Amerika kam, berber- und araberblütig gewesen sei. Nun gibt es aber konkrete Hinweise dafür, daß damals kaum Berber- oder Araberpferde nach Spanien gebracht wurden. Schon vor der moslemischen Herrschaft in Spanien waren spanische Pferde weltberühmt, was durch Berichte griechischer und römischer Schreiber belegt ist. Auch die Reitweise der Spanier auf versammeltem, am Zügel gehenden Pferd bestand schon vorher. Für diese Reitweise, die in Spanien erhalten blieb, waren zumindest die Pferde der Araber nicht oder nicht gut brauchbar. Ein Hinweis, daß die islamischen Invasoren keinen Pferdeexport nach Spanien machten, gibt z. B. der islamische Chronist Abul-Cacim Tarif Abentarik im 8. Jahrhundert, der berichtet, daß die wenigen berittenen Moslems die Pferde der Christen größer und besser fanden und daß sich das Heer mit Pferden der besiegten Spanier beritten machte! Es gab aber wohl eine rege Ausfuhr spanischer Pferde nach Afrika, in den Orient und praktisch überall hin. Wer sich über diese Zusammenhänge näher informieren will, dem sei das Buch von Michael Schäfer „Andalusische Pferde" empfohlen.

Zurück zum sogenannten Cow Sense. Ohne Frage waren die Pferde der Spanier schon auf ihre Eignung zur Rinderarbeit hin selektiert worden. Nun gibt es Pferdeleute und Fachleute, die abstreiten, daß es so etwas wie einen Cow Sense gibt. Sie argumentieren, es handele sich dabei um eine Frage der Intelligenz und des Spieltriebes der Pferde und man könne darum jedem intelligenten Pferd, gleich welcher Rasse, das Cutten beibringen. Diese Behauptung wird scheinbar untermauert durch die Tatsache, daß Cuttingpferde oder solche, die sich dafür eignen, nicht nur auf Rinder reagieren, sondern auch auf Ziegen, Menschen, „Pappkameraden" oder einfach auf einen an einer Schnur hin- und hergezogenen Lappen. Letzteres beweist jedoch nur die Neigung und Fähigkeit eines Pferdes, ein bewegliches Objekt zu dominieren und ihm auch in schnellen Bewegungsabläufen zu folgen. Zum eigentlichen Cutting gehört mehr.

Natürlich kann jedes intelligente Pferd, gleich welcher Rasse, das Cutting erlernen, aber nicht mit jedem Pferd kann man ein Cutting – oder gar ein World Championship Cutting – gewinnen! Dazu ist, neben unerhörten athletischen Fähigkeiten des Pferdes, eben auch der Cow Sense erforderlich. Intelligenz macht sicher einen Teil des Cow Sense aus, damit allein ist er aber nicht erklärt. Vielmehr zeichnen sich geborene Cutter durch eine regelrechte Leidenschaft aus, Tiere zu dominieren, zu treiben, zu dirigieren. Wenn andere bewegliche Objekte ebenso reagieren wie z. B. Kälber, so ist das dem Cuttingpferd auch recht und es dirigiert dann eben auch Menschen oder eine mechanische Kuh...

Daß Tieren diese Neigung oder Passion tatsächlich angeboren sein kann, zeigen z. B. Border Collies, die ohne Training alles zu

Peppy San unter Matlock Rose beim Cutting, ohne daß das Pferd überhaupt ein Zaumzeug trägt

Foto Dalco

hüten versuchen, was ihnen in die Quere kommt. Schon als Welpen oder Junghunde fangen sie an, Hühner oder Enten in eine Ecke zu treiben und dort zu halten, oder was immer sonst sie finden können. Das gleiche kennt man von Quarter Horses. Jack Casement berichtete von dem Quarterhengst Frosty, der als Fohlen oder Jungpferd mit Rindern auf einer Weide war, die ein Sumpfstreifen, der quer über fast die ganze Breite der Weide lief, unterteilte. Frosty trieb die Rinder ständig durch den gangbaren Engpaß auf den anderen Teil der Weide, hin und her, bis man ihn von der Weide nahm, weil die Rinder zu abgearbeitet waren und an Gewicht verloren. In einen Corral beim Ranchhaus gebracht, arbeitete er dort eine Milchkuh und eine Ziege fast zu Tode.

Offensichtlich steckt also in vielen Quarter Horses doch eine angeborene Neigung für diese Arbeit, und die Bezeichnung „Cow Sense" ist dafür so gut wie jede andere. Es ist das gleichzeitige Vorhandensein bestimmter Eigenschaften wie eine wache Anteilnahme an allem, Aufmerksamkeit, Freude an der Bewegung und am Spiel, dazu ein Verlangen, andere Tiere (oder Objekte) zu dominieren und nach Belieben zu dirigieren. Eigenschaften, die in vielen Pferderassen zu finden sein mögen, aber beim Quarter Horse eben in besonderer Zusammenstellung und Intensität vorhanden sind. Cow Horse-Experten sprechen jedenfalls von „Cow Sense" bzw. „Cow" in ihren Pferden. Es mag sich lustig anhören, daß ein Pferd „a lot of cow", „eine Menge Kuh" hat, aber man weiß, was gemeint ist.

XII

Pony, Araber oder Warmblüter?

Es ist vielleicht ganz interessant und lohnend, sich auch darüber Gedanken zu machen, woher das Quarter Horse seine spezifischen Eigenschaften hat, sie müssen ja in seinen Vorfahren zumindest von der Anlage her vorhanden gewesen sein, um herausgezüchtet werden zu können. Wenn das Quarter Horse so viele Andalusiervorfahren hat, warum sieht es dann nicht auch überwiegend wie ein Andalusier aus? Daß kaltblütige Rassen bei seiner Entstehung keinen nennenswerten Einfluß gehabt haben können, konnten wir schon feststellen. Jede Einkreuzung von Kaltblut, die irgendwann einmal stattgefunden haben mag, ist durch Zuchtwahl verdrängt und ausgeschieden worden. Das Quarter Horse zeigt, im Gegensatz zu vielen hiesigen Warmblütern, keinen Kaltbluteinfluß.

Man kann heute wohl davon ausgehen, daß es Urwildpferde im Ponytyp, im Kaltbluttyp, im Warmblut- und im Arabertyp gegeben hat und daß alle Pferderassen mehr oder weniger Mischprodukte dieser Typen sind, also nicht von nur einem Urwildpferd abstammen, wie das lange angenommen wurde. Wir haben im Exmoorpony z. B. den ziemlich rein erhalte-

nen Ur-Ponytyp, im Sorraiapferd Südspaniens den fast rein erhaltenen Ur-Warmblüter. Die meisten Kaltblutrassen haben Pony-, Warmblut und sogar Araberblut beigemischt bekommen, was auch gelegentlich wieder herausmendelt. Die meisten Warmblutrassen zeigen Pony-, Kalt- und Araberblut neben den Warmblutmerkmalen. Der Araber zeigt gelegentlich Pony- und Warmbluteinflüsse. Schließlich finden wir Kaltblut-, Warmblut- und Arabereinflüsse in vielen Ponyrassen.

Der Ur-Warmblüter, wie er im Sorraiapferd verkörpert ist und weitgehend auch im Andalusier, zeichnet sich nicht durch die kompakte, bemuskelte Statur aus, die das Quarter Horse charakterisiert. Diese finden wir nur beim Ponytyp, wenn auch nur in der Anlage. Auch die breite Stirn, das gerade Profil, die kleinen Ohren, die schräge Schulter, der kurze Rücken und die relative Kurzbeinigkeit, besonders die kurzen Röhren, kennzeichnen den Ponytyp. Ganaschenfreiheit und Großwüchsigkeit, das oft metallisch glänzende, kurze Fell, das sanfte, umgängliche, leicht zu zügelnde Temperament und duldsames Wesen, die Rittigkeit schlechthin dagegen sind Eigenschaften, die das Quarter Horse vom Ur-Warmblüter haben muß. Ein gewisser Ein-

Quarter Horse-Stute, bei der in Farbe und Conformation deutlich Anklänge an das Sorraia-Pferd zu erkennen sind

fluß arabischen Blutes ist sicher auch nicht zu leugnen, darauf deuten die, wenn auch nur selten auftretende, Schimmelfarbe sowie Exterieurmerkmale mancher Quarter Horses hin. Ob die sehr verbreitete Fuchsfarbe ein arabisches Erbe darstellt, darf ebenfalls gefragt werden.

Woher kommt der Speed? Vielleicht denkt man dabei zuletzt an das Ponyerbe. Doch wenn wir berücksichtigen, daß es sich hier um sehr kurze, explosionsartige Sprints von nur 50 oder 100 Metern, selten aber mehr als 400 Metern handelt, so ist es durchaus vorstellbar, daß das Ponyerbe den Speed des spanischen Pferdes in dieser Richtung ergänzt bzw. beeinflußt hat.

Ganz praktisch sieht das ja so aus, daß das Ausgangsmaterial auf der britischen Insel vor der Einfuhr orientalischer Pferde aus Ponies bestand, also die ersten englischen Rennpferde nichts anderes waren, als mit (überwiegend) spanischen Pferden veredelte Ponies. So verwundert es auch nicht, daß die Durchschnittsgröße des englischen

Rennpferdes um 1700 bei 13,3 Hands, also 1,40 m Stockmaß, lag.

Als die AQHA 1952 die ersten AQHA Champions auszeichnete, war keins der Pferde über 1,50 m Stockmaß.

Einen, wenn auch geringen, Ponyblutanteil haben auch die spanischen Pferde gehabt, sowohl die, welche zur Veredelung nach England gingen, als auch die, welche von den Spaniern nach Amerika gebracht wurden, denn nur im Süden Spaniens liegt die Heimat der Andalusier und Ur-Warmblüter, im Norden gab und gibt es bodenständige Ponies, deren Blut auch in einem gewissen Maße Eingang in die Zucht des Andalusiers fand. Die braune Farbe ist ein Ponymerkmal. So ist auch der typische amerikanische Mustang ein Pferd, das eine Verquickung dieser beiden Urtypen, des Ur-Warmblüters und des Ur-Ponies, verkörpert.

Die züchterische Leistung in der Formung der Quarter Horse-Rasse besteht also darin, daß es gelungen ist, die gewünschten Eigenschaften hauptsächlich dieser beiden Typen zu vereinen und erblich zu verankern. Dies ist, wie beim Englischen Vollblut, in fantastischer Weise erreicht worden. Wie weit dies durch ein Ausnahmepferd wie *Janus oder Steel Dust aufgrund dessen begünstigt wurde, daß es sich dabei um eine Mutation gehandelt hat, muß heute Spekulation bleiben. Wer nachliest, wie sensationell die damaligen Züchter *Janus' Conformation empfunden haben, weil sie so ganz anders war als alles, was man bis dahin gesehen hatte, und wie zuverlässig er sich vererbte, dem muß dieser Verdacht kommen. Steel Dust hat ähnliches Aufsehen erregt, als er nach Texas kam, und bei ihm hören wir erstmals von den „Big Jaws", den dicken Kinnbackenmuskeln, die für seine

Linie so charakteristisch sind und bei sonst keiner Rasse gefunden werden.

Der vorausschauende und gewissenhafte Züchter sieht aber auch die möglichen Gefahren, die in einer Überbetonung einzelner Merkmale liegen können. Wenn nur auf Kompaktheit und Bemuskelung gezüchtet würde, also auf Ponymerkmale, bestünde die Gefahr, daß unsere Quarter Horses im Durchschnitt zu klein würden. Ausdauer und Rittigkeit würden beim Durchschlagen von Ponyeigenschaften leiden und auch das Wesen bzw. Temperament. Ponys sind gewiß allgemein gutartig, aber auch eigensinnig. Diese Eigensinnigkeit kennen wir normalerweise bei unseren Quarter Horses nicht. Umgekehrt besteht aber heute die Gefahr, daß die Ausrichtung der Zucht auf größere Pferde, wofür in erster Linie die Bevorzugung großer Pferde in Halter-Klassen verantwortlich sind, zu einem Verlust des Rassetyps führt, indem die Pferde zu flach und warmbluthaft werden und an Wendigkeit verlieren. Alle alten Züchter, wie z. B. Hank Wiescamp, erklären immer wieder, daß sie den Typ verlieren, sobald sie versuchen, die Pferde größer zu machen. Wenn unsere Quarter Horses irgendwann einmal aussehen würden wie Andalusier oder hiesige Warmblüter, hätte ihre Stunde geschlagen. Dann hätten sie aufgehört, etwas Besonderes, eine Alternative zu sein. Glücklicherweise sind wir davon noch weit entfernt.

XIII

Das Racing repräsentiert nur einen kleinen Teil der Begabung des Quarter Horses. Die Geschichtsschreibung stützt sich überwiegend auf schriftlich festgehaltene Angaben, wie sie über den gewöhnlichen Gebrauch des Pferdes selten gemacht werden. Seine brillanten Rennleistungen dagegen wurden immer aufgezeichnet.

Unglücklicherweise ist das immer noch der Fall. Rennen in Ruidoso oder Los Alamitos können im Fernsehen verfolgt oder auf den Sportseiten von Zeitungen und Magazinen gefunden werden. Trail Riding, Barrel Racing, Roping, Cutting und normale Rancharbeit werden selten erwähnt, obwohl gerade in diesen Bereichen der wahre Wert des Quarter Horses zu finden ist.

Es ist eine besondere Genugtuung für mich persönlich, daß diese Gebrauchspferde immer noch Quarter Horses sind. Wenige sind Vollblüter vom Erscheinungsbild oder der Abstammung her, und nur in Ausnahmefällen ist eins über 15 Hands. Es sind diese Pferde, welche die Arbeit rechtfertigen, die von den Gründern der American Quarter Horse Association eingebracht wurde.

Robert M. Denhardt, 1984

Als der Lastwagen jetzt quietschend anhält, ist das Stockdunkel der Nacht einem beginnenden Morgengrauen gewichen. Das Tor zur Weide am Carrizo Creek hebt sich schwach vor den schwärzlichen Creosote-Büschen ab, und gegen den Himmel können die gespenstigen Arme einiger Joshua Trees ausgemacht werden. Der Lastwagen spuckt zuerst eine Handvoll Cowboys und dann ebenso viele Pferde aus, die bereits gesattelt und gezäumt sind und von allein die Rampe herunter kommen. Gurte werden nachgezogen, und während einer das Tor öffnet, schwingen sich die anderen in die Sättel.

Nach wenigen hundert Metern erreichen die Reiter eine Wasserstelle, die von einer Windmühle gespeist wird. Grob gezimmerte hölzerne Futtertröge stehen hier, und einige Kühe und Kälber halten sich in unmittelbarer Nähe auf. Nach wenigen knappen Anweisungen des Foremans schwärmen die Reiter aus, um die Weide von außen nach innen zu durchkämmen und die Herde zu sammeln. Das Geräusch der herannahenden Reiter genügt meist, die Kühe in die gewünschte Richtung zu drücken. Hier und da hört man ein leises „Yip, yip!" Manch eine alte, verschlagene Kuh versucht, in dichtem Gesträuch getarnt, in einem Arroyo oder zwischen Felsblöcken versteckt, dem Treiben zu entgehen. Meistens sind es die Pferde, die den

Reitern anzeigen, wo sich noch welche zu „drücken" versuchen.

Schon an den Vortagen ist die Herde aus der weiteren Umgebung zusammengetrieben und in dieser Parzelle gesammelt worden. Das war harte Arbeit, bei denen die Pferde der Cowboys, überwiegend Quarter Horses, alles geben mußten in dem unwegsamen Gelände. Bergauf und bergab, über Geröllhalden, Fels und durch sandige, ausgetrocknete Bachbetten ging es, und allgegenwärtig waren Dornbüsche, stachlige Kakteen und speerbesetzte Yuccas, die einen Lederstiefel glatt durchbohren können. Unermüdlich und katzengleich verfolgten die Quarter Horses die Rinder in dieser Wildnis, in der diese geboren wurden und ihr ganzes Leben verbracht haben. Aber auch die meisten der Pferde sind hier aufgewachsen und mit ihr seit der Fohlenzeit vertraut.

Der „Gather", das Sammeln an diesem Morgen, dauert nur eine gute Stunde, und die Herde wird nun einige Meilen weit getrieben zu den Cholla Flats, einem Außencamp, wo sich auch mehrere Corrals befinden. Inzwischen ist die Sonne über die Berge im Osten geklettert. Noch ist es aber frisch, und die Cowboys lassen ihre warmen Jacken an. Bevor die Sonne alles wieder unbarmherzig aufgeheizt hat, wird man die Corrals erreicht haben.

Nachdem die Herde in einen großen Corral gesperrt wurde, der mit einem weiteren, nicht ganz so großen verbunden ist, fängt der Foreman an, die diesjährigen Bullenkälber auszusortieren, denn die sollen verkauft werden. Der Durchgang zu dem Corral, in dem die Bullenkälber gesammelt werden, wird auf jeder Seite von einem Reiter bewacht, der jedes neu dazukommende Kalb durch-, aber natürlich keins der anderen wieder hinausläßt. Yeller, der buckskin Quarterwallach des Foremans, kann nun zeigen, was seine Spezialität ist. Wie ein Lamm bewegt er sich in der Herde, manövriert

ein Bullenkalb behutsam an deren Rand, ohne daß es recht merkt, wie ihm geschieht. Dann, wenn das Kalb sich auf einmal außerhalb und von seiner Mutter getrennt sieht, verwandelt sich Yeller urplötzlich in eine gelbe Furie. Das Kalb kann hin- und herspringen wie es will und sich ducken und Haken schlagen – immer ist der Wallach vor ihm, der nicht vier, sondern vierzig Beine zu haben scheint.

In wenigen Augenblicken ist das Kalb mit Unterstützung des Reiters am Tor in den angrenzenden Corral getrieben. Je länger die Arbeit dauert, desto schwieriger wird auch dessen Aufgabe, da immer häufiger Kühe versuchen, in den anderen Corral zu ihren Kälbern zu kommen. Staub, Muhen und Kälberblöken füllt die Luft.

Der buckskin Cuttingwallach ist längst wieder in die Herde eingetaucht, völlig ruhig, aber aufmerksam auf ein Zeichen seines Reiters wartend, welches Kalb als nächstes ausgesondert werden muß.

Das ist nur ein Ausschnitt der mannigfaltigen Arbeiten, die das Quarter Horse tagtäglich auf unzähligen Ranches leistet. In Feed Lots (Mastbetrieben), auf Rodeos, als Trekkingpferd, Polopferd, Polizeipferd, Führpferd von Rennpferden, als Rennpferd selbst, als Freizeitpferd und in vielen anderen Bereichen wird es eingesetzt. Die meisten Menschen kommen heute mit ihm auf Horse Shows und auf Rodeos in Kontakt. Viele der Show-Disziplinen sind direkt seiner Arbeit als Cowboy- oder Ranchpferd entlehnt bzw. daraus entwickelt. Das Cutting, das „Herausschneiden" eines Rindes aus der Herde und Separieren, stellt in seiner turniermäßigen Form fast eine Industrie für sich dar. Die größten Cutting-Tur

Doc's Daiquiri unter Reinhold Bartmann im Spin, wie er in Reining-Wettbewerben und Working Cowhorse – Wettbewerben verlangt wird

Desperado Malbec, ROM Cutting-Pferd, unter Johannes Orgeldinger Foto Heymer

niere haben Gewinnausschüttungen zwischen eineinhalb und zwei Millionen Dollar, die ständig zu steigen scheinen. Allein der Erstplazierte erhält zwischen 250.000 und 350.000 Dollar!

Die Working Cowhorse-Wettbewerbe stellen ebenfalls eine direkt der Rancharbeit entnommene Disziplin dar, hier auf der Tradition des Cow Horses der Westküste aufbauend. Diese Wettbewerbe, wie auch das Reining, sind auch mit ständig steigenden, enormen Gewinngeldern dotiert, die uns schwindlig machen könnten. Auch beim Reining wird essentiell das gefordert, was ein gutes Cowboy- oder Ranchpferd auszeichnet: das Reagieren auf minimale Zügelhilfen bei einhändiger Zügelführung, die Fähigkeit, in optimaler Weise auf der

Single Steer Roping. Das Rope verläuft bereits um die Hinterhand des Ochsen; als nächstes galoppiert das Pferd nach links weg, was den Ochsen im vollen Galopp umwirft und sich überschlagen läßt

Foto Q H Journal

Hinterhand zu stoppen und zu wenden und fliegende Galoppwechsel; hierbei wird keine Rinderarbeit getan, aber die dressurmäßige Ausbildung jener Fähigkeiten gefordert, die für diese Voraussetzung sind. Beim Working Cowhorse-Wettbewerb wird außer der Reiningprüfung Rinderarbeit verlangt, wobei das Rind zuerst an der kurzen Seite des Vierecks fixiert wird – das Pferd soll völlige Kontrolle über das Rind demonstrieren –, dann führt der Reiter mit seinem Pferd das Rind an der langen Seite entlang und blockt es wenigstens einmal in jeder Richtung ab, zwingt es also zu einer 180-Grad-Wendung an der Bande. Danach nimmt er das Rind in die Mitte der Bahn und zirkelt es, zwingt es, einen Kreis zu laufen, und zwar in beide Richtungen, rechtsherum und linksherum.

Das Roping ist für jeden als Teil der Rancharbeit zu erkennen. Turniermäßig betrieben ist es eine Disziplin, bei der die geringste benötigte Zeit den Ausschlag gibt. Man unterscheidet das Calf Roping, das Fangen von Kälbern mit dem Rope (Lasso), bei dem der Roper das Kalb am Kopf fängt, absteigt und, während das Pferd selbständig das Rope straff hält, das Kalb umwirft und ihm drei Beine zusammenbindet. Beim Single Steer Roping fängt ein Reiter einen Ochsen mit dem Rope an den Hörnern, wirft ihn mit dem um das hintere Ende des Ochsen geworfenen und dann stramm gezogenen Rope um, springt ab und fesselt dem Ochsen drei Beine. Team Roping schließlich wird von zwei Ropern gleichzeitig betrieben. Einer fängt den Ochsen am Kopf, möglichst an den Hörnern, das ist der Header. Der andere, Heeler genannt, fängt die Hinterbeine. Beide halten dann zum Schluß den Ochsen „ausgespannt" zwischen ihren Pferden. Dies sind die wichtigsten Roping-Arten, und Quarter Horses glänzen hierbei wie keine andere Rasse, was auch für Cutting, Working Cowhorse und Reining gilt.

Weit verbreitet und beliebt sind heute Western Pleasure- und Trail-Klassen. Beide sollen die Fähigkeiten des Pferdes unter Beweis stellen, ein ideales Reittier für Ausritte von ungetrübtem Vergnügen und höchster Sicherheit zu sein. Daß dies in der Begrenztheit einer Halle oder eines Vierecks nicht oder nicht völlig demonstriert werden kann und daß viele der teilnehmenden Pferde selten oder gar nicht im Gelände geritten werden, tut nichts zur Sache. Diese Wettbewerbe sind längst – wie die meisten anderen Disziplinen – zum Selbstzweck geworden.

Beim Western Pleasure wird der Gehorsam des Pferdes in den drei Grundgangarten bewertet. Seine Bewegungen werden vor allem bezüglich ihrer Weichheit beurteilt, denn das Pferd soll ja ein Vergnügen zu reiten sein, und auch seine Conformation ist von Belang. Gehorsam soll das Pferd sein, indem es am losen Zügel ruhig und gleichmäßig vorwärtsgeht, ohne zwischendurch zurückgehalten werden zu müssen, ohne zu schnell zu werden und ohne in die nächstlangsamere Gangart zu fallen. Im Galopp darf das Pferd nicht auf der falschen Hand galoppieren. Die Übergänge von einer Gangart in die andere müssen weich und kaum merklich vonstatten gehen. Die Einwirkung des Reiters bleibt bei allem auf ein Minimum beschränkt. Zum Schluß wird noch das Rückwärtsrichten verlangt, bei dem wiederum jede auffällige

Beim Trail-Wettbewerb muß das Pferd mit Bedacht alle erdenklichen Hindernisse überwinden   Foto Western Horseman

Einwirkung des Reiters und jedes Zögern oder Auflehnen des Pferdes geahndet wird.

Der Trail-Kurs stellt einen Hindernisparcour dar, bei dem z. B. ein Tor vom Sattel aus geöffnet, durchritten und wieder geschlossen wird, über eine Wippe, eine Brükke geritten und durch ein durch am Boden liegende Stangen gebildetes „L" rückwärtsgerichtet wird. In unterschiedlichster Form werden Seitwärtsrichten, enge Wendungen und Rückwärtsrichten innerhalb markierter Zonen gefordert. Hindernisse aus niedrig aufgestellten, lose aufliegenden Stangen müssen durchritten werden, ohne daß diese berührt oder umgestoßen werden. All dies absolviert das gute Trailpferd am losen Zügel, ruhig, bedächtig, aufmerksam und auf minimale Hilfen hin. Es darf vor Wassergräben, die auch durch Plastikplanen simuliert sein können, nicht verweigern oder scheuen. Bei Wettkämpfen mit höherem Niveau werden Trab- und Galoppteile eingebaut und auch flache Sprünge, wo die Pferde aus einer etwaigen Lethargie gerissen werden und sich anschließend wieder völlig beruhigen und konzentrieren müssen.

Bei Western Riding-Klassen finden wir Elemente aus den beiden vorher beschriebenen, ergänzt durch einen Slalom-Galoppkurs, der eine Serie von fliegenden Galoppwechseln verlangt. Eine Prüfung, die hohe Rittigkeit erfordert.

Das Barrel Race ist ein Rennen um drei Tonnen herum, die im Abstand von etwa 28 Metern bzw. 32 Metern aufgestellt sind. Hier ist neben Wendigkeit der Speed die Hauptsache. Auch das Pole Bending ist ein Timed Event, ein Rennen. Es handelt sich um einen Slalomkurs um sechs im Abstand von 6,40 m aufgestellte Stangen (Poles) herum. Doch mit Geschwindigkeit allein ist hier nichts zu machen. Vielmehr wird hier die Rittigkeit in hohem Maße gefordert. Zehn fliegende Galoppwechsel sind für einen guten, glatten Lauf erforderlich, sowie zwei 180-Grad-Wendungen, und ein Pferd das zu heiß wird und einen Pole umwirft, erhält 5 Strafsekunden. Wenn es gar einen ausläßt, wird es disqualifiziert.

Es gibt noch eine Reihe anderer Disziplinen, in denen Quarter Horses geshowt werden, einschließlich der sogenannten „English Classes", in denen Quarter Horses in europäischer bzw. englischer Form geritten werden, auch im Springen, und auch solche, wo sie im Geschirr gehen, gibt es.

Ein paar Worte zu den Halter-Klassen sind vielleicht noch angebracht: wie schon erwähnt, werden dabei die Pferde an der Hand vorgestellt. Der Richter läßt sich jedes Pferd im Schritt und Trab vorführen, und danach werden die Pferde im Stand „aufgebaut". Sie sollen „square" stehen, d. h. alle vier Beine gleichmäßig belasten. Die Beine werden so plaziert, daß ein Rechteck entstehen würde, verbände man die Hufe durch Linien. Der Richter beurteilt nun jedes Pferd individuell auf sein Exterieur hin, wobei nicht nur die potentielle Qualität des Pferdes bewertet wird, sondern auch die „Tagesform", also wie es herausgebracht ist, wie es sich präsentiert.

Die Halter Classes können, je nach Sachverstand und Seriosität der Richter, ein Segen oder ein Fluch für die Rasse sein.

In typisch amerikanischer „Bescheidenheit" nennt die AQHA das Quarter Horse „das vielseitigste Pferd der Welt". Ob es das ist, wage ich nicht zu beurteilen. Eins darf man aber getrost sagen: es ist ein sehr, sehr vielseitiges Pferd.

XIV

Er ist eine halbe Tonne balancierte und kontrollierte Energie, am losen Zügel wie einem haarfein eingestellten Abzugshahn gehalten.

Er ist ein Arbeiter, der die Woche über draußen im Gefilde sein Brot verdient – und des sonntagnachmittags ein schmucker Star auf der Rennbahn sein kann.

Er ist stolz wenn er steht, sieht träge aus im Schritt –, aber wenn er rennt, peitscht er die Tränen aus deinen Augenwinkeln und klatscht deine Hutkrempe zurück.

Er ist gewaltig in der Hinterhand, geschmeidig im Widerrist, kräftig im Hals und breit in der Brust ...um seinem großen Herzen Raum zu geben.

Er ist cow-smart und tapfer – obwohl manchmal ein Clown –, und dem Mann mit Himmel im Auge und Schlamm an den Stiefeln ein treuer Helfer...

Und ein Freund!

Rex Cauble

Sein besonderes, athletisches Gebäude und seine inneren Qualitäten befähigen das Quarter Horse in einigen Bereichen zu Leistungen, die von keiner anderen Rasse erreicht werden. In besonderem Maße ist es die Fähigkeit, auf der Hinterhand zu arbeiten, zu stoppen und zu wenden, die es auszeichnet. Kein anderes Pferd kann so stoppen, wie ein Quarter Horse, und es dabei noch mit Leichtigkeit und Anmut tun. Auf speziell dafür präparierten Böden sind Sliding Stops, gleitende Stops auf der Hinterhand, von zehn Metern Länge und mehr keine Seltenheit. Wenn wir es hier auch wieder mit zum Exzeß getriebener Spezialisierung zu tun haben, wie sie den Amerikanern eigen ist, so zeigt dies doch die besondere Befähigung dieser Pferde. Kein anderes Pferd kann so auf der Hinterhand wenden und sich drehen wie ein Kreisel, dabei trotz wahnwitziger Geschwindigkeit von leichter Zügelhand geführt und jeden Augenblick bereit, wie eine Gewehrkugel in eine andere Richtung zu fliegen oder am Fleck zu erstarren.

Diese katzenhafte Beweglichkeit, ständige Bereitschaft zur blitzartigen Reaktion und das Arbeiten auf der Hinterhand sind unbedingte Voraussetzungen für die Rinderarbeit, die die Domäne des Quarter

Horses ist, für die es in erster Linie gezüchtet wurde und für die es sich eignet wie keine zweite Rasse auf der Welt.

Der gleichen Rasse, die solche Artisten hervorbringt, gehören auch Pferde an, die so absolut langsam, beherrscht und gleichförmig gehen, wie es in einer Western Pleasure-Klasse erforderlich ist, oder die in Halter-Klassen unter vielen Artgenossen brav und artig an der Hand vorgestellt werden. Auf der Rennbahn jagen sie nach Rekorden, und in der Trail-Klasse werden sie vom Reiter Zentimeter um Zentimeter durch ein labil aufgebautes Stangengerüst laviert...

Innerhalb der Quarter Horse-Zucht gibt es viele Spezialzuchten. Das Pferd, das ehemals ein Ranch All-round Horse war und zu einem großen Teil auch heute noch als solches gezüchtet und gebraucht wird, züchten andere speziell als Cutting Horse, Working Cowhorse oder Reining Horse. Wieder andere züchten es nur zu Rennzwecken oder als Halter- und Western Pleasure-Pferd. In allen Sparten haben die Züchter besondere Blutlinien, die sich für sie als die besten herauskristallisiert haben. Die Roper bevorzugen andere Blutlinien als die Cutter, die Halterzüchter haben ihr Schönheitsideal, während bei den Züchtern von Racing Quarter Horses die Schönheit überhaupt nicht zählt, sondern nur Sekundenbruchteile, Sieg oder Niederlage. Es ist klar, daß das Quarter Horse entsprechend diesen Verwendungszwecken vom Erscheinungsbild und Interieur her in einer gewissen Bandbreite anzutreffen ist. Wer z. B. Western Pleasure betreiben will, wird sich nicht bei Renn-Züchtern nach einem geeigneten Pferd umschauen. Nimmt man die Rasse in ihrer Gesamtheit, so ergänzen sich aber alle diese Zuchten gegenseitig. Und alle züchten Pferde, die individuell als Quarter Horses zu erkennen sind. Es muß

anerkannt werden, daß es eine erhebliche Anzahl von Pferden in dieser Rasse gibt, die in den meisten Sparten der Quarter Horse-Reiterei erfolgreich sind. Es gibt viele Pferde, die Reining, Roping, Cutting, Western Pleasure, Trail und anderes mehr mit großem Erfolg gemacht haben, dazu auf der Rennbahn bewiesen haben, daß sie A-Zeit oder sogar schneller laufen können und die obendrein noch so gut gebaut, so schön sind, daß sie Halter Classes gewinnen. Mit anderen Worten, trotz all dieser Spezialzuchten bringt die Rasse nach wie vor wahre All-round-Pferde hervor.

Würde die Quarter Horse-Zucht nur von Halter- und Western Pleasure-Züchtern betrieben, wären die Pferde bald für die meisten anderen Performance-Klassen nicht mehr gut geeignet und würden als Rennpferde ihrem Namen nicht mehr gerecht. Läge die Zucht in der Hand der Racing-Leute allein, würden sie sich bald vom Vollblüter nicht mehr groß unterscheiden, und viele andere Disziplinen würden darunter leiden. Denn alle diese Blutlinien mit ihren unterschiedlichen Leistungen fließen doch letztlich in einen gemeinsamen genetischen Pool und befruchten sich gegenseitig. Sie erhalten in ihrer Gesamtheit die Rasse als solche.

Mit dem Schauen von Halter-Pferden gehen so viele Auswüchse und Perversitäten Hand in Hand, daß diese Gruppe allein die Rasse zugrunderichten würde, hätten wir nicht die Gegenpole in Performance-Klassen wie Reining, Cutting, Roping usw. Nicht, daß die Bewertung der Pferde nur nach dem Exterieur schon die Probleme mit sich bringt, obwohl das natürlich problembehaftet ist, sondern hier ist es die Art und Weise, wie gerichtet wird und wie dadurch die Züchter in ungesunder Weise beeinflußt werden. Über Jahrzehnte haben Richter der Rasse erheblichen Schaden zugefügt, indem sie nach Kriterien gerichtet haben, die nur einer Mode oder einem persönlichen Geschmack entsprachen und zum Teil Merkmale sehen wollten, die als gesundheitliche Mängel gelten müssen. Die Bevorzugung von immer schwereren Pferden mit immer kleineren, winzigen Hufen, die zu Hufrolle- und anderen Krankheitsfällen geführt hat, geht allein auf das Konto dieser Richter. „Man ist dabei, die Rasse ohne Beine zu züchten", beschwerten sich viele Züchter. Die geschmackliche Verirrung, dabei Zwanghufe „schick" zu finden, liegt auf derselben Linie. Pferde mit gravierenden, durch korrektiven Beschlag halbwegs vertuschten Stellungsfehlern zu Halter Champions zu machen, ist ebenso verwerflich. Die Unsitte, den Pferden die Ohren auszurasieren und die Tasthaare an Nase und Maul abzurasieren wäre auch nicht ohne die Richter zu einem Muß geworden, die so herausgebrachte Pferde höher bewerten.

Die Gruppe der Halter- und Western Pleasure-Leute ist für die unschmeichelhaften Zahlen bezüglich der Hufrollenfälle und anderer gesundheitlicher Mängel des Quarter Horses zum größten Teil verantwortlich. Da werden Pferde herangemästet, in Boxen eingesperrt, dick eingedeckt und durch alle erdenklichen Tricks zu vermehrter Futteraufnahme und Muskelausbildung gebracht. Sie werden hauptsächlich in Tretmühlen und an Führmaschinen nur so weit exerziert wie nötig ist, Fett in Muskelfleisch umzusetzen. Dabei werden die durch Zuchtauswahl schon kleinen Hufe durch beständiges Herunterschneiden auf die kleinstmögliche Größe gebracht. Dies alles vom Fohlenalter an, so daß Jährlinge fast wie ausgewachsene Pferde (fette, schwe-

re ausgewachsene Pferde) dastehen und ein viel zu hohes Gewicht auf den noch unfertigen Beinen tragen müssen. Durch das zu sehr forcierte Wachstum sieht man senkrechte Fesselstellungen – oft überköten die Tiere sogar – und Entzündungen der Epiphysen und Sehnenscheiden. Wenn das noch nicht ausreicht, um ein junges Tier auf den Beinen zu ruinieren, tut die immer weiter umsichgreifende Praxis des zu frühen Einreitens bei vielen das Übrige. Turniere höchsten Schwierigkeitsgrades, wie Reining, Snaffle Bit und andere Futurities, werden für Dreijährige ausgeschrieben, mit den bereits erwähnten riesigen Gewinnsummen. Um für diese Wettbewerbe fit zu sein, muß ein Pferd spätestens als Zweijähriger eingeritten werden. Um das Maß zum Überlaufen zu bringen, gibt es jetzt auch schon Western Pleasure Futurities für Zweijährige! Und gerade bei diesen Wettbewerben werden die Pferde stark auf die Vorhand geritten! Unter solchen gesundheitsschädigenden Voraussetzungen wird jede andere Rasse ein ähnliches, vielleicht sogar höheres Konto an Ausfällen zu verzeichnen haben. Das Quarter Horse ist nicht von schwacher Konstitution, vielmehr beweist die Tatsache, daß ein so großer Prozentsatz das alles übersteht und lange Jahre einsatzfähig bleibt, das Gegenteil. Aber es wird oft in rücksichtsloser Weise ausgebeutet.

Performance-orientierte Zuchten haben bisher jedenfalls verhindert, daß Geschmacksverirrungen der Halter-Leute das Quarter Horse ruinieren konnten. Solange es Cow Horses, Reining und Racing Horses gibt, wird das Quarter Horse ein Super-Gebrauchspferd bleiben. Für Pferde mit Defekten in Gebäude und Disposition ist hier kein Platz. Nur die härtesten und gesündesten können in diesen Bereichen bestehen, und so wirken sie wie ein Tiegel, auf dem die Schwächen der Rasse immer wieder ausgeschwitzt werden.

Die Zucht von Halter Horses bringt durch ihre Auswüchse nicht nur Bedrohungen für die Gesundheit der Rasse mit sich. Durch den in jüngerer Zeit immer stärker werdenden Trend zum größeren Pferd kann sie auch eine Gefahr für den Rassetyp sein, obwohl es auf der anderen Seite gerade die Halter-Züchter sind, die den Typ pflegen, da sie ja nur auf Conformation züchten. Die Gefahren, die mit dem Züchten auf Größe verbunden sind, wurden schon erwähnt. Schon heute kann man vermehrt Pferde finden, die sich dem Typ eines Warmblüters europäischer Prägung angeglichen haben. Man darf zwar annehmen und hoffen, daß gerade die Züchter in Deutschland solchen Einflüssen gegenüber immun sind. Schließlich haben wir uns ja diesen Pferden zugewandt, weil sie uns aufgrund ihrer Andersartigkeit und rassespezifischen Vorzüge begeisterten. Sie unseren Warmblütern anzugleichen, erscheint unsinnig, dann hätten wir die ja gleich nehmen können! Aber inzwischen hat die Zucht und das Schauen von Quarter Horses in unserem Lande Formen angenommen und ist dabei, ein Wirtschaftszweig zu werden. Es gibt eine Menge ehrgeiziger Züchter inzwischen, und wenn die Richter, die für die Shows aus Amerika herübergeholt werden, ein mehr im Warmbluttyp stehendes Quarter Horse bevorzugen, dann wird man dem, weil man ja letztlich gewinnen will, entsprechen...

Züchter von Racing Quarter Horses haben bezüglich des Rassetyps auch einen eher ungünstigen Einfluß. Wenigstens steht hier aber die Leistung im Vordergrund. Wenn ein kleiner Hengst der Schnellste im Land wäre oder die schnellsten Pferde zeug-

te, würden sie sich ohne Frage dieses Hengstes bedienen. Man muß aber erkennen, daß – im Gegensatz zu Three Bars, der das Quarter Horse im Typ nicht verändert, sondern nur veredelt hat – ein Top Deck zum Beispiel nicht wie ein Quarter Horse aussah und auch nicht unbedingt Quarter Horse Conformation vererbt hat. Top Decks Nachzucht hat seinen Einsatz in der Quarter Horse-Zucht gerechtfertigt, aber der Gebrauch von Vollblütern ist derzeit modern und wird generell zu freizügig betrieben. Zu viele Vollblüter finden Verwendung, die in der Quarter Horse-Zucht nichts zu suchen haben, die nicht in der Lage sind, die Renneigenschaften des Quarter Horses entscheidend zu verbessern, wie es Chicaro, Three Bars, Top Deck, Depth Charge und einige wenige andere zu tun imstande waren. Man erreicht aber unterm Strich mit der allzu liberalen Vollbluteinkreuzung nur eins, nämlich den Rassetyp zu verwässern.

Das Vollblut ist die einzige Rasse, die von der AQHA zur Einkreuzung oder Blutauffrischung zugelassen und anerkannt wird. Nachzucht aus einer Paarung Quarter Horse X Vollblut wird in ein Appendix-Register eingetragen und kann mit diesem Appendix-Papier an regulären AQHA-Wettbewerben einschließlich Rennen teilnehmen. Nachzucht von Appendix-Pferden werden wieder nur ins Appendix-Register eingetragen. Erringt ein Pferd genügend Points für ein ROM, kann es ins reguläre Stutbuch übernommen werden, und dann bekommt natürlich auch seine Nachzucht reguläre Papiere.

Das ROM (Register of Merit) ist eine Auszeichnung für Pferde, die mindestens 10 Points in AQHA-anerkannten Performance Wettbewerben errungen haben. Für ein ROM im Racing ist ein Speed Index von mindestens 80 erforderlich. Der Speed Index wird aufgrund der drei schnellsten Zeiten eines Pferdes in einem Jahr errechnet.

So besteht für die Nachzucht aus Vollblutanpaarungen die Möglichkeit, sich durch Leistungen, wie sie für das Quarter Horse typisch sind, für das reguläre Stutbuch zu qualifizieren.

Probleme der Quarter Horse-Zucht

gibt es natürlich auch. Jede Rasse hat ihre Schwächen, und wer behauptet, die von ihm vertretene habe keine, qualifiziert sich von vornherein selbst ab und muß als unseriös gelten.

Der alte Bulldog Quarter Horse-Typ hat seine Schwächen in gelegentlich vorkommenden flachen Widerristen, die eine schlechte Sattellage bedingen. Seine oft kurzen, steilen Fesseln und manchmal steile Schulter lassen die Gänge unkomfortabel werden und leisten auch Lahmheiten Vorschub. „Bulldog Type" ist eine gängige Bezeichnung in Amerika, aber ich finde den Vergleich mit einer Bulldogge unpassend. Der Bulldog Type ist ein athletisches Pferd, ausdauernd, wendig, im Charakter einmalig gut. Seine Schnelligkeit gab der Rasse den Namen, und durch den Einfluß der Vollblüter wurde seine schnellste Distanz ein wenig verlängert. Wenn dieses Pferd mit einer Bulldogge, die kaum laufen kann, verglichen wird, darf das nicht mißverstanden werden. Ein Boxer mit seiner muskulösen, athletischen Figur und seiner Beweglichkeit wäre da schon ein besseres Gegenstück aus der Hundewelt.

Schwächen dürften in der heutigen Zucht hauptsächlich im teilweisen Verlust der rassetypischen hervorragenden Wesensmerkmale liegen überall da, wo skrupellos Vollblut eingekreuzt wird oder über Generationen hinweg nur Halter-Pferde produziert werden, die nie einen ernsten Test auf ihre Reit- und Gebrauchseigenschaften zu bestehen haben. Auf die ebenfalls in der Halter-Zucht verbreiteten Sünden bezüglich der Pferdebeine wurde schon hingewiesen.

Für die Zucht insgesamt stellen sich einige Probleme, die mit ihrem kaum vorstellbaren Umfang zusammenhängen. Eine solche Menge von Pferden produziert natürlich auch jedes Jahr eine gigantische Anzahl von Fohlen. Wir haben es hier mit einer Pferde-Bevölkerungsexplosion zu tun, bei der man sich fragen muß, wie lange das noch ohne Geburtenkontrolle so weitergehen kann. Klagen über fallende Preise hört man überall, der Markt ist übersättigt und depressiv. Es werden Stimmen laut, die nach einer Begrenzung der Stutenzahlen verlangen, die ein Hengst pro Jahr decken darf (durch künstliche Besamung decken Spitzenhengste 100 bis 150 Stuten pro Saison). Andere würden lieber sehen, wenn nur die besten Stuten zur Zucht zugelassen würden. Es ist unwahrscheinlich, daß die AQHA sich zu restriktiven Maßnahmen in dieser Form entschließen wird. Das Wahrscheinlichste dürfte sein, daß die Eintragungsgebühren für Hengste drastisch erhöht werden, damit es sich jeder zweimal überlegt, ob er seinen Hengst nicht doch legen lassen soll. Damit würde aber das Problem der Marktübersättigung nicht gelöst werden können. Spitzen-Quarter Horses erzielen heute höhere Preise denn je, aber mittelmäßige und gar unterdurchschnittliche werden oft verschleudert.

Ursache für dieses Überangebot ist ein hoher Dollarkurs, der es unwirtschaftlich werden läßt, Schlachtpferde in die pferde-fleischkonsumierenden Länder Südeuropas zu schicken. Dieser Schlachtpferdeexport hatte lange Zeit den Überschuß an Pferden vom amerikanischen Markt genommen.

Die AQHA steht dieser Entwicklung mit zwiespältigen Gefühlen gegenüber. Auf der einen Seite erkennt man die Notwendigkeit, Angebot und Nachfrage wieder ins richtige Verhältnis zu setzen. Auf der anderen Seite kann man sich nicht zu einer Begrenzung der Nachzuchten entschließen, da man auch gern mit den ständig wachsenden Pferde- und Mitgliederzahlen imponiert. Neue Märkte zu schaffen, heißt die Zauberformel, die die Lösung bringen soll. Doch bislang ist in dieser Richtung wenig geschehen.

XV

Der Show Ring hat die Quarter Horse-Zucht verseucht und wirkt der Zucht von erstklassigen Quarter Horses direkt entgegen.

Ott Adams

Tausende haben sich im Pferdegeschäft versucht, aber nur wenige waren wirklich erfolgreich. Das Problem der meisten Züchter kann mit zwei Worten gekennzeichnet werden: kein Programm. Sie verstehen nicht, daß Speed in beiden Hälften des Pedigrees vorhanden sein muß, wenn man ein verbessertes Stock Horse züchten will. Speed ist die eine primäre Voraussetzung für jedes gutgezogene Quarter Horse. Die anderen Dinge, welche diese Rasse berühmt machen, sind vollständig abhängig vom Speed. Speed auf einer Seite ist nicht genug, beide, Vater und Mutter, müssen auf Speed gezogen sein, wenn man die Sorte Pferd züchten will, mit der man's schafft. Jedes Pferd, das kein Vererber von Speed ist, ist einfach nur ein Pferd, dessen Wert durch seinen Schlachtpreis bestimmt wird.

Ott Adams

Speed kann man in seine Pferde hineinzüchten durch Verwendung von Pferden mit der richtigen Abstammung, und man kann ihn wieder hinauszüchten durch Pferde mit Pedigrees, die *Blut einschließen, das nicht erwiesenermaßen Speed bedeutet. Du brauchst keine Bastarde verwenden, um den Speed deiner Nachzucht zu verringern – es reicht, nur auf Conformation gezüchtete Pferde zu verwenden, deren Abstammung keinen oder nicht genug Speed aufweist oder Speed, der zu kurz gezüchtet wurde, damit geht's genau so schnell.*

Ein Züchter, der mit diesen elementaren Gesetzmäßigkeiten vertraut ist, braucht sich um Conformation oder ein ansprechendes Äußeres seiner Pferde nicht zu sorgen, denn mit dem Gebrauch der entsprechenden Blutlinien kommt das von allein. Sieh' dir die Pferde an, deren Ruhm sich allein auf die solide Grundlage anerkannter Rennbahnleistungen gründet, fast alle von ihnen haben exzellente Conformation.

Speed ist das einzig lohnende Ziel in der Zucht von Quarter Horses, es ist das einzige, das dich kümmern sollte. Ein Pferd mit Speed kannst du in guten wie in schlechten Zeiten verkaufen, aber in schlechten Zeiten kannst du kein Pferd ohne Speed verkaufen. Damals, als Cleveland seine zweite Amtsperiode antrat, kosteten Pferde in dieser Gegend hier 50 Cents das Stück. Ich ritt eins meiner guten Pferde nach Alice hinein in jener Zeit, und da war eine Gruppe Texas Rangers. Einer kam zu mir herüber und fragte: „Wollen Sie das Pferd verkaufen?" Da ich das nicht vorgehabt hatte, sagte ich, ohne viel zu überlegen, daß es 50 Dollar brauchte, wenn ich mich von ihm trennen sollte. Nach einem kurzen Wortwechsel ging der Ranger hinüber zu seinen Kameraden, brachte die 50 Dollar zusammen und kaufte mein Pferd.

Ott Adams

Die Zucht von Quarter Horses

liegt in den Staaten heutzutage leider nicht mehr überwiegend in den Händen von Ranchern, obwohl es noch immer sehr viele gibt, die auf Ranches geboren werden und aufwachsen. Die meisten der Pferde aber, die auf Shows geritten und vorgestellt werden, leben in Stallhaltung, und viele sind „Backyard Horses", werden von Amateuren auf Hinterhöfen, kleinen Weiden hinterm Haus etc. gehalten.

Das traurige Dasein vieler Fohlen, die schon als Jährlinge – u. U. schon als Absetzer – in Halter geshowt werden, muß jeden empören, der in diesem Geschäft nicht völlig betriebsblind geworden ist und sich noch ein Gefühl für die Bedürfnisse gerade heranwachsender Pferde bewahrt hat. Es ist eine Sache, einem ausgewachsenen oder fast ausgewachsenen Pferd Boxenhaltung zuzumuten, es einige Wochen einzudecken, um es für eine Halter Show optimal herauszubringen, aber ein Fohlen oder ein Jährling gehört auf die Weide, in Pferdegesellschaft, möglichst in Gesellschaft Gleichaltriger. Die meisten machen sich kein Bild, mit wieviel pferdeunwürdigen Aspekten, Perversitäten, ja, nennen wir es ruhig Tierquälerei, die „Produktion" eines Halter Champions oder auch eines Western Pleasure Champions drüben verbunden sein kann.

Es gibt sie immer noch, die harten Quarter Horses auf den Ranches. Sie sind nicht immer eine Augenweide für den modernen Züchter, aber trittsicher, ausdauernd, robust und klar im Kopf. Wer ein solches Pferd will, muß nach Nordamerika fahren und sich ein solches kaufen. Man kann jedenfalls nicht einfach voraussetzen, daß aus Nordamerika importierte Quarter Horses diesen Ansprüchen gerecht werden. Importiert wird meistens nach anderen Gesichtspunkten. Das Geschäft wird auch bei uns nicht mehr mit schlichten, harten Freizeitpferden gemacht, sondern mit potentiellen oder tatsächlichen Halter- und Performance-Champions. Während letztere trotz oft wenig natürlicher Haltung durch den ständigen Leistungstest in gesundheitlicher Hinsicht als unproblematisch gelten können, ist bei Pferden aus nur auf Halter und Pleasure ausgerichteten Zuchten Skepsis geboten.

Generell ist es eine unbestrittene Tatsache, daß das durch starke Fütterung forcierte Wachstum heranwachsender Pferde zu Lasten der Qualität der Knochen geht. Ein Pferd, das erst mit vier oder fünf Jahren seine Endgröße erreicht, wie dies natürlich ist, hat ein gesünderes und belastbareres Skelett als eins, das schon mit zwei Jahren ausgewachsen ist oder gar als Jährling bereits fast fertig dasteht. Wer ein gesundes, hartes Quarter Horse für Sport und Freizeit will, der sollte deshalb nicht aus Halter-Zuchten kaufen.

Das Quarter Horse kann ganzjährig im Freien gehalten werden, solange es einen trockenen, zugfreien Offenstall zur Verfügung hat. Diese Haltung sollte für Zuchtstuten und Jungtiere auch bei uns selbstverständlich sein.

Impressive   Foto D. Dickinson

Mr. Impressive von Impressive

Wie schon angesprochen, gilt es in der modernen Quarter Horse-Zucht, eine möglichst perfekte Kombination von altem Foundation-Blut und modernen (Vollblut-) Linien zu erreichen. In Halter-Klassen haben Pferde im alten „Bulldog Type" heute keine Chance mehr. In der Zucht von Racing Quarter Horses scheint sich die Einkreuzung von Vollblut-Sprintern bewährt zu haben. Zumindest scheint eine gezielte Vollblut-Auffrischung von Zeit zu Zeit angezeigt zu sein, um den Pferden „mehr Distanz" zu geben, also die schnellste Distanz auf 440 Yards zu halten und nicht auf 300 Yards oder weniger absinken zu lassen. Letztlich hat das Quarter Horse aber auch in anderen Performance-Bereichen, wie Reining oder Cow Work, vom Einfluß geeigneter Vollblüter profitiert. Das Problem ist, daß es so wenig wirklich geeignete Vollblüter gibt, daß es sich erst nach einigen Jahrgängen herausstellt, ob und wie vorteilhaft ein Vollblüter sich vererbt hat (nachdem u. U. schon viel Schaden in der Zucht angerichtet wurde) und schließlich, daß zu viele mit Vollblütern experimentieren, von denen zu wenige den Überblick und die nötige Sachkenntnis

besitzen. So werden atypische Kreuzungsprodukte erzeugt, von denen die Zucht nicht profitiert, sondern die ihr sogar schaden.

Jedes Leistungsgebiet, auf das eine Quarter Horse-Zucht ausgerichtet sein kann, hat seine prominenten Blutlinien. In der Halter-Szene sind es heute u. a. Impressive-, Sonny Dee Bar- und Quincy Dan-Pferde, die dominieren. Diese Hengste haben durchaus eine Performance-Abstammung – Impressive z. B. ist dreifach Three Bars-gezogen, Sonny Dee Bar geht außer auf Three Bars auf Leo zurück sowie auf Midnight Jr., der doppelt Peter McCue-gezogen war –, aber ihre Nachkommen haben eben hauptsächlich in Halter-Wettbewerben geglänzt. Dem widerspricht nicht, daß

Hard Twist von Cowboy

Feature von Impressive

Sonny Dee Bar, Mr. Impressive und andere vergleichbare Hengste ganz oben in den Performance Charts zu finden sind. Sieht man sich die Charts genauer an, so findet man, daß ihre Nachkommen in Western Pleasure sehr erfolgreich sind und in dieser Disziplin, die für mich kein echter Leistungstest ist, ihre Points gewonnen haben. Die meisten Halter-Züchter starten ihre Pferde auch in Western Pleasure, es ist in etwa die gleiche Züchterschicht. Für Western Pleasure reichen die athletischen Fähigkeiten dieser Pferde noch aus, für

mehr oft nicht. Racing-, Reining- oder Working Cow-Pferde können umgekehrt selten in Halter ganz vorn mitspielen. Nicht, daß sie nicht schön genug sein können, das ist letztlich Geschmacksache, aber sie entsprechen eben häufig nicht dem, was Halter-Richter heute gern sehen wollen.

Führende Blutlinien im Quarter Racing sind schwer herauszustellen. Namen wie Three Bars, Top Deck, Depth Charge, Hard Twist, Chicaro, Azure Te tauchen heute erst weit hinten in den Pedigrees der Rennsieger auf. In der Quarter Racing-Zucht wird ständig immer neues Vollblut verwandt, und man wird erst in späteren Jahren sagen können, ob so nur für den Augenblick gezüchtet wurde oder ob Vererber unter diesen Vollblütern waren, die an die Seite der oben erwähnten gestellt werden können.

Colonel Freckles ist Sugar Bars/Three Bars—, Rey Jay— sowie doppelt Leo-gezogen

Hollywood Gold, von Gold Rush, aus der Triangle Lady

Cutter Bill

Joe Cody, Hollywood Jac 86, BH Enterprise, Great Pine, Easter King und Topsail Cody sind Beispiele für Reining Horse-Vererber.

Auch Coy's Bonanza-, Two Eyed Jack- oder Boston Mac-Breeding stellt z. B. Halter- wie Performance-Potential dar. In den Cow Horse-Wettbewerben sind es heute Doc Bar-, Bueno Chex-, Colonel Freckles-, Peppy San-, Mr. San Peppy- und Mr. Gunsmoke-Nachkommen, welche die Szene beherrschen. Altes Cow Horse-Blut ist hier nach wie vor von großer Bedeutung, wie das von King/Poco Bueno, Leo, Hollywood Gold oder Cutter Bill. Die meisten guten Cutter und Working Cowhorses geben auch gute Reiningpferde ab. Diese Zuchtrichtungen sind oft nicht voneinander zu trennen. Gerade unter den Cutting und Cow Horses finden wir noch am ehesten Pferde, die dem alten Quartertyp nahestehen.

In der Regel ist der erfolgreichste Weg der, daß konservativ gezogene Stuten, also solche mit überwiegendem Foundation-Blut, die meistens auch kalibrig sind und viel Substanz haben, mit modernen Hengsten gepaart werden. Das Produkt hat idealerweise dann mehr Refinement, Agilität, Speed und vielleicht auch Größe, ohne dabei an Rassetyp, Bemuskelung und charakterlichen Eigenschaften eingebüßt zu haben.

Mr. Gunsmoke unter Dale Wilkinson. Mr. Gunsmoke ist von Rondo Leo von Leo und hat super Reining und Cow Horses gezeugt   Foto Droddy/Western Horseman

Während das Quarter Horse alten Schlages selten über 1,50 m Stock maß, meistens aber deutlich darunter lag, ist heute etwas mehr Größe gefordert. Erfahrungsgemäß können bei optimaler Aufzucht Quarter Horses zwischen 1,50 und 1,55 m ohne weiteres unter Erhaltung aller wünschenswerten Eigenschaften gezüchtet werden. Erst, wenn Pferde von 1,60 m und mehr angestrebt werden, muß mit den erwähnten Risiken in punkto Rassetyp, Fähigkeiten und charakterlichen Eigenschaften gerechnet werden.

Wenn auch in Spezialzuchten (Cow Horses) die Größe eine untergeordnete Rolle spielt und selbst Pferde im Mindestmaß (1,42 m) äußerst erfolgreich sein können, so bedeutet es doch im Normalfall, daß man am Markt vorbeiproduziert, wenn man Pferde unter 1,50 m züchtet. Das heißt in der Praxis, daß eine Zuchtstute nicht wesentlich unter 1,50 m und der Hengst etwa zwischen 1,52 und 1,55 m groß sein sollte.

Bei der Wahl des Zuchtpartners werden oft die Charts zur Meinungsbildung herangezogen, die jährlich von der AQHA veröffentlicht werden. Um den Zuchtwert eines Hengstes einschätzen zu können, darf man nicht nur darauf sehen, wer z. B. die Liste der Zeuger von Champions oder Point-

Mr. Gunsmoke-gezogene Stute beim Sliding Stop

Question Mark, der es auf Grund seiner Palominofarbe nicht leicht gehabt hat –, einem so hübschen Pferd traute man keine überragenden Leistungen zu ... Foto Western Horseman

Earning Horses anführt. Vielmehr haben diese Charts nur dann Aussagekraft, wenn die Zahl der Gewinner ins Verhältnis zur Zahl der Starter gesetzt wird. Ein Hengst, von dem 50 Nachkommen geshowt werden, die zusammen 750 Points gewonnen haben, schneidet schlechter ab als einer, von dem nur 20 Nachkommen starteten, die aber zusammen 360 Points errungen haben. Von welcher Qualität die Stuten waren, die ein Hengst zugeführt bekam, ist meistens eine unbekannte Größe in dieser Rechnung. Dabei ist gerade die Qualität der Stuten von so großer Bedeutung. Gerade darin liegt die überragende Größe von einem Hengst wie z. B. Leo, daß er so durchschlagend gute Nachzucht brachte, obwohl er in seinem ganzen Leben nicht so viele gute Stuten hatte wie Three Bars in einer Saison. Question Mark war ein weiterer hervorragender Vererber, der großartige Nachzucht hinterlassen hat, ohne je eine wirkliche Top-Stute gehabt zu haben.

Viele erfolgreiche Quarter Horse-Züchter bedienten und bedienen sich der Linienzucht. Es ist das Mittel in der Hand des erfahrenen Züchters, Eigenschaften bestimmter hervorragender Individuen erblich zu fixieren, zu verankern. Dabei werden gelegentlich Halbgeschwister gepaart, oft auch Pferde, die weniger eng verwandt sind. Ein Studium einiger Stammbäume veranschaulicht dies. Das Pedigree vom berühmten Skipper W zeigt, wie das Blut von Old Fred bzw. Peter McCue konzentriert wurde:

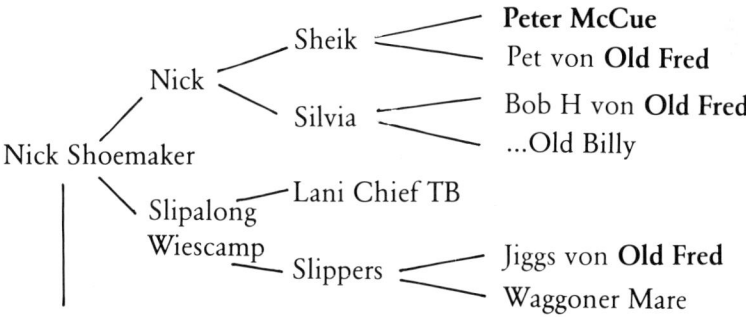

Skipper W

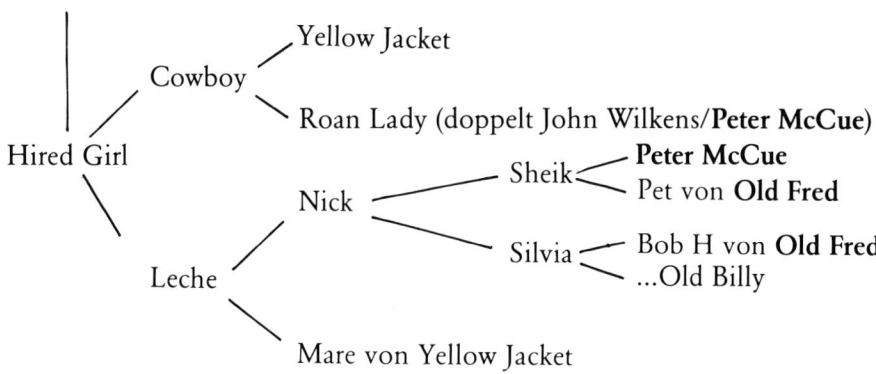

Impressive ist von einem Three Bars-Sohn, aus einer Stute, die sowohl Enkelin, wie auch Urenkelin von Three Bars war:

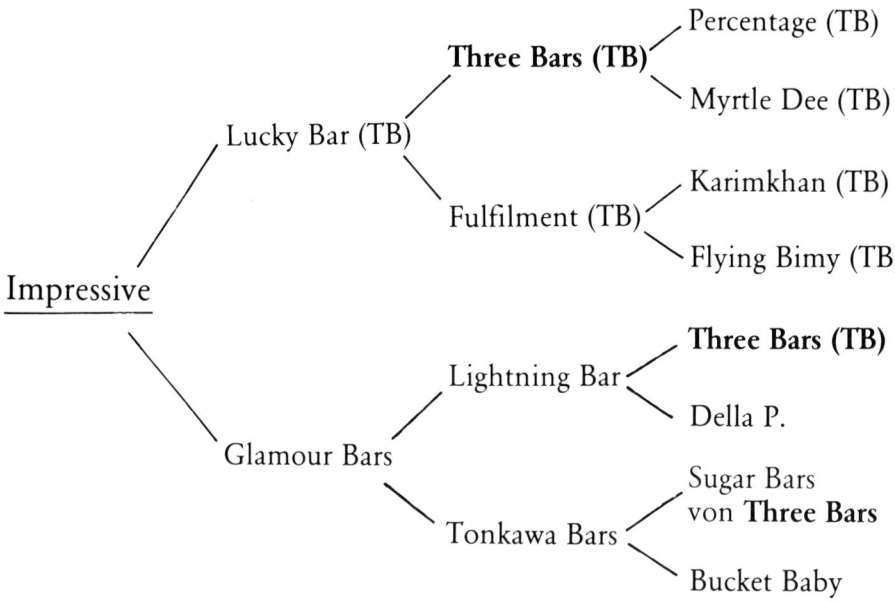

Wer sich in der Quarter Horse-Zucht aus-
kennt, kann oft schon vom Namen eines
Pferdes her auf dessen vermutliche
Abstammung schließen. Vielfach besteht
der Name aus Elementen der Namen beider
Elternteile oder deren Vorfahren. Der
Name „Frost San" beispielsweise deutet auf
Doc's Jack Frost hin (den Vater des Pferdes)
sowie auf Leo San, den Großvater mütterlicherseits. Tiny Charger, ein TAAA-Pferd,
ist von Depth Charge und aus der Clabber Tiny, die wiederum von Clabber 2 und
aus der Tiny Iny war. Gay Bar King ist
von Three Bars, aus der Gay Widow von
King. Ein „Bar" im Namen läßt normalerweise auf eine Three Bars-Abstammung
schließen, ein „Poco" oder ein „Bueno"
natürlich auf eine von Poco Bueno, ein
„Doc" deutet auf Doc Bar hin.

Bei Impressive-Nachkommen muß man
schon mit mehr Fantasie an die Sache her-
angehen. Natürlich gibt es alle denkbaren
Varianten und Kombinationen wie Mr.
Impressive, Impressive Bar Leo, Impressive
Himself, Impressively Made, Impression,
Impressability, Impressiver usw., doch
deuten auch Namen wie Inspirative, Impri-
mis, Investor, Imaginator, Intense und
ähnliche auf eine Abstammung vom
großen Impressive hin.

Doch gibt es auch Fälle, wo Namen uns –
ob zufällig oder beabsichtigt – auf's Glatt-
eis führen und man beim Nachforschen
keine der vermuteten Vorfahren findet!
Andere wiederum scheren bewußt aus und
geben ihrem hoffnungsvollen Sproß einen
Fantasienamen, der gut klingt, aber mit der
Abstammung gar nichts zu tun hat. Dabei
zeichnen sich manche Züchter durch
erstaunlichen Einfallsreichtum und Origi-
nalität aus. Go Man Go ist ein guter Name
für ein Rennpferd, sehr einprägsam und
populär, dem sowohl ein „Top" als auch
ein „Deck" fehlt, wie es die meisten Nach-

kommen von Top Deck im Namen haben, und tatsächlich war Go Man Go auch eine Karriere ganz eigener Art beschieden. Sky Diver, Kisshimbye, Passum (überhole sie) und Tuffernhel (zäher als die Hölle) sind weitere typische Namen für Racing Quarter Horses. Classy Chassis, Ubetter Belieeveit (du glaubst es besser), Lotsa Chick und Whata Star sind typische Namen für Show (Halter) Horses. Die beiden letzteren sind zugleich interessante Wortspiele, wobei der erste davon so viel wie „sehr viel Schick" bedeutet, aber auch auf Three Chicks, einen Sohn von Three Bars, hinweist, während „Whata Star" (welch ein Star) an Oklahoma Star erinnert. Chief's Dun Good (gut gemacht vom Häuptling) deutet zugleich auf Chief von Peter McCue hin, wie auch auf die Farbe des Pferdes – ein Dun ist ein Falbe.

Da wir gerade bei den Farben sind: Es gibt Quarter Horses in allen Farben, wobei Füchse wohl am häufigsten sind. Schecken, die immer wieder vorkommen, werden nicht eingetragen, das gilt auch für Albinos. Während ein Züchter, der auf Leistung züchtet und populäre Blutlinien verwendet, daß Auftreten eines Scheckens nie ganz ausschließen kann, ist ein Albino in den meisten Fällen vermeidbar. Es sollte möglichst vermieden werden, Falbe mit Falbe oder Palomino mit Palomino oder Falbe mit Palomino zu paaren. Vor allem Falben sind recht häufig in der Rasse, und der Aufhellungsfaktor, der aus einem Rappen, einem Braunen oder einem Fuchs einen Falben macht, ist manchmal nur schwer zu erkennen, d. h. manche Pferde wirken bei flüchtiger Betrachtungsweise im Farbton echt, also nicht aufgehellt, sind vielleicht nur im Sommerfell als ganz dunkle Falben erkennbar. Dieser Aufhellungsfaktor hat zwar ein anderes Muster als jener, der aus

einem Fuchs einen Palomino macht, in der Vererbung wirken sie sich jedoch gleich aus, und wenn von beiden Elterntieren einer dieser Aufhellungsfaktoren vererbt wird, kann es zu einem Albino kommen.

Die Farbbezeichnungen bei Quarter Horses sind black (Rappe), brown (schwarz-braun), bay (heller Brauner; vom Brown gut zu unterscheiden, da er im Gegensatz zum Brown mit dem schwarzen Langhaar kontrastierendes helleres braunes Fell hat), chestnut (Dunkelfuchs), sorrel (Fuchs), grey (Schimmel, egal ob grau oder weiß). Außerdem haben wir noch roan, was einen unveränderlichen Schimmel kennzeichnet. Ist die Grundfarbe Schwarz oder Braun, spricht man vom Blue Roan, ist sie Fuchs, von einem Red Roan. Pferde, die im Laufe ihres Lebens immer heller werden, bei denen der Anteil weißer Haare also von Jahr zu Jahr zunimmt, sind immer Greys und keine Roans. Der Palomino ist, wie erwähnt, ein aufgehellter Fuchs, der sich von einem gleichfarbigen Dun nur durch das Fehlen eines Aalstriches und eine hellere Mähne unterscheidet. Eine echte Palominofarbe ist ein frischer Goldton, wozu ein Palomino idealerweise weißes Langhaar hat. Bei den Falben schließlich ist die Definition der AQHA nicht eindeutig. Kein Problem gibt es beim Grulla oder Grullo, das ist ein Graufalbe. Ein Rot- oder Fuchsfalbe ist immer ein Dun, beim Hellbraunfalben dagegen sind laut der AQHA u. U. beide Bezeichnungen anwendbar. Ein Dun mit hellbrauner bzw. gelbbrauner Grundfarbe und schwarzem Langhaar wäre von einem ebenso gefärbten Buckskin leicht zu unterscheiden, wenn sich die AQHA der allgemeinen wissenschaftlichen Terminologie anschließen würde, nach der ein Dun immer einen Aalstrich hat (oft auch ein Schulterkreuz und die sogenannte Zebrastreifung an den Beinen), ein Buckskin aber keinen Aalstrich hat. Die AQHA sagt in ihrem Reference Guide, daß ein Dun „oft einen Aalstrich hat", was nichts anderes heißt, als daß es auch solche ohne gibt –, die dann von einem Buckskin nicht zu unterscheiden sind. Die Richtlinien der AQHA sind hier also ungenau.

Soviel kann man sagen: ein Buckskin hat immer schwarzes Langhaar, ein Dun kann auch rötliches oder braunes Langhaar haben, in welchem Fall dann auch Aalstrich, Ohrenspitzen und die untere Hälfte der Gliedmaßen im selben Farbton sind. Korrekt wäre die klare Unterscheidung, nach der ein Buckskin keinen, der Dun aber einen Aalstrich hat.

Absichtlich wurden diesem Kapitel einige Statements von Ott Adams vorangesetzt, die heute noch provokativer wirken müssen als damals, als er sie machte. Doch wenn wir auch heute, wo das Quarter Horse nicht nur Arbeits- oder Rennpferd, sondern auch Freizeitkamerad ist und von vielen nur aus Freude am Pferd gehalten wird, nicht so kompromißlos die Zucht betreiben wie er es tat, so dürfen wir in Deutschland, wo wir bislang keine Auslese durch Rennen haben, den Speed nicht vernachlässigen. Der Speed war und ist der Eckstein der Quarter Horse-Zucht, darin sind sich alle großen Züchter einig. Und ein Pferd, das nur lieb und schön und bequem ist, mag vielleicht auch eine Daseinsberechtigung haben, aber es kann nicht den Namen Quarter Horse zu recht tragen.

XVI

*Wenn ich einen herausragenden Hengst züch-
ten will, einen, der Speed und Klasse hat, muß
er eine Mutter von der rechten Art haben.
Wenn er die nicht hat, will ich ihn als Hengst
nicht haben. Was seine Familie nicht hat, kann
er auch nicht vererben.*

Hank Wiescamp

*Du brauchst eine Zuchtstute, um eine Show-
Stute zu züchten, aber nur wenige Show-Stuten
geben Zuchtstuten ab. Das Von-Show-zu-
Show-Reisen macht aus einer Stute keine
Zuchtstute. Wenn du das lange genug mit
ihnen machst, ruinierst du sie. Ich weiß nicht,
warum das so ist, aber das Schauen scheint sie
auszuzehren.*

*Nur weil du eine Stute geshowt hast und sie
eine Trophy gewonnen hat, bringt sie kein besseres Fohlen.*

*Die besten Mutterstuten, die ich in meinem Le-
ben gehabt habe, haben dieses County nie ver-
lassen.*

Hank Wiescamp

*In den Tagen, wo es noch keine Pari-mutuel-
Wetten gab und keine organisierten Rennen,
waren die meisten Sprinter Stuten, von Miss
Princess und Shue Fly angefangen bis Red
Morroco und Eighty Grey. Stuten sind leichter
zu halten und zu trainieren. Wenn ein Hengst
zu Hoffnungen berechtigte, wurde er meistens
kastriert, obwohl es immer Ausnahmen gegeben hat, wie Clabber, Steel Dust oder Cherokee.*

*Die Pferde, die sich 1945–46 in der alten Ame-
rican Quarter Racing Association für das
Register of Merit qualifiziert hatten, die höchste Auszeichnung der AQRA, waren überwiegend Stuten. Von den insgesamt 146 Qualifizierten waren nur 42 Hengste.*

Bob Denhardt

Berühmte Stuten

Schon mehrfach wurde der hohe Stellen-
wert, der den Mutterstuten in der Zucht zukommt, erwähnt und die Bedeutung, die
alte erfolgreiche Züchter ihnen beimaßen
und beimessen. Wenn dennoch bisher fast
nur von Hengsten die Rede war, so liegt das
einmal daran, daß naturgemäß der Hengst
auf eine Zucht in höherem Maße Einfluß
nimmt, wenn auch ein individuelles Fohlen in der Regel den größeren Teil seiner
Anlagen von der Mutter bekommt. Wäh-

rend aber nur wenige Stuten in ihrem Leben mehr als 10 Fohlen bringen, kann ein Hengst – besonders mit den heutigen Besamungstechniken – Hunderte von Nachkommen haben. Zum anderen ist der Rahmen eines solchen Buches begrenzt, und es können aus Platzgründen nicht einmal alle Hengste und Linienbegründer hier aufgeführt werden, die es verdient hätten, geschweige denn alle bedeutenden Stuten.

In diesem Kapitel soll aber den Stuten Tribut gezollt werden, und einige der herausragenden Stuten in der Geschichte des Quarter Horses sollen erwähnt werden.

Zuvor noch eine Anmerkung zur künstlichen Besamung. Sie ist in der Quarter Horse-Zucht erlaubt, jedoch schreibt die AQHA die unmittelbar nach der Gewinnung erfolgende Verwendung des Samens vor, und zwar am Ort, wo der Hengst steht. Der Samen darf also nicht konserviert oder gar verschickt werden. Die AQHA hat auch das Recht, nach Gutdünken jederzeit Zuchtbetriebe inspizieren zu lassen, in denen die künstliche Besamung angewandt wird.

Erst mit der Ausbreitung des organisierten Short Racings und dem gleichzeitigen allmählichen Verschwinden von Match Races wurden Hengste in größerem Ausmaß gestartet. Noch zu Zeiten der American Quarter Racing Association wurden die bei weitem meisten Rekorde von Stuten gelaufen. Erst in jüngerer Zeit, wo Hengste, die Herausragendes geleistet haben, enorme Preise erzielen, werden vermehrt Hengste gestartet. Wenn die in Rennen erfolgreichsten Hengste für mehrere Millionen Dollar syndikatisiert werden, spornt dies natürlich andere an, auch ihre Hengste laufen zu lassen, in der Hoffnung, sie würden einmal Millionen wert sein...

Das erste und berühmteste Match Race zwischen einem Quarter Horse und einem Vollblüter auf einem anerkannten Track fand 1947 statt. Der Vollblüter war Fair Truckle, ein Hengst, das Quarter Horse eine Stute, Barbra B. gewann.

Paisana soll aus der Zahl der vielen guten Stuten des vorigen Jahrhunderts herausgehoben werden. Sie wurde 1856 geboren, ihr Vater war Brown Dick, ihre Mutter Belton Queen von Guinea Boar. Mit drei Jahren hatte sie ihr erstes Fohlen aufgrund eines „Unfalls" während sie im Renntraining war. Es war von Old Billy und wurde Anthony genannt. Nach etwa 9 Jahren im Rennsport wurde sie wieder von Old Billy gedeckt und fohlte 1868 Whalebone. Danach brachte sie Old Joe, Pine Knot, Jennie Oliver, Artie, Dora, Red Rover und Alice, alle von Billy. Von ihrem Sohn Whalebone gedeckt, brachte sie Yellow Wolf, dann wieder John Crowder von Old Billy. Chunky Bill hatte sie wieder von Whalebone. Der Reigen ihrer Fohlen wurde komplettiert durch Sweet Lips, Little Brown Dick, Blaze, Joe Collins, Kitty, Cuadro und Pancho, die meisten von Billy und Whalebone.

Paisana, die in Kentucky geboren worden war, hatte also 19 Söhne und Töchter, alles gute Pferde. Sie wurde 30 Jahre alt. Nach Bob Denhardt konnten nur Jenny und Della Moore betreffs des Einflusses auf die Rasse an Paisana heranreichen.

Butt Cutt, aus der June Bug und von dem Steel Dust-Sohn Jack Traveler, war eine 1876 geborene Stute von Samuel Watkins. Sie war nicht nur eine extrem schnelle Stute (noch mit zwanzig Jahren schlug sie einen Sohn von *Bonnie Scotland über eine halbe Meile), sondern brachte neben Honest Abe (von Voltigeur TB), Hi Henry (von Big

Pan Zarita schlägt Joe Blair in Juarez und läuft Weltrekord

Henry TB) auch Dan Tucker (von Barney Ownes), den Vater von Peter McCue.

Von Nettie Overton, über deren Abstammung und Geburtsjahr keine stichfesten Angaben bestehen, zog Robert T. Wade aus Plymouth, Illinois den Sprinter Bob Wade, der einen Weltrekord über die Quarter Mile lief (:21,25), der über 80 Jahre bestand, bis Dash for Cash ihn 1977 brach (:21,17). Bob Wade soll von Roan Dick gewesen sein.

May Mangum, geboren 1882, war eine der größten Südtexas-Stuten aller Zeiten. Sie war von Anthony von Old Billy, und ihre Mutter Belle Nellie war von einem Sohn von Tiger, von Kentucky Whip. Dow und Will Shely aus Alfred, Texas besaßen sie. Sechs Stuten und vier Hengste hat sie gebracht: Nellie, Jenny, Mamie Sykes, Nettie Harrison, Kitty und Babe Ruth; Little Joe (ein Wallach), Blue Eyes, Dogie Beasly und Blaze. Alle waren von Sykes Rondo. May

Mangum hat überragende Nachzucht gebracht.

Jenny von May Mangum war eine der beiden Stuten, die Traveler berühmt gemacht haben. Die andere war Fanny Pace. Jenny brachte von Traveler Little Joe, King (Possum) und Black Bess. Als die Shelys Jenny verkauften, ging sie an Ott Adams. Außerdem kaufte Adams noch Mamie Crowder (die Mutter von Ada Jones, die später auf die King Ranch ging), Julie Crowder, Moselle und Little Kitty. Diese Stuten waren die Grundlage für Ott Adams erfolgreiche Zucht, die er betrieb, bis er 1963 im Alter von 94 Jahren starb.

Jenny war nicht nur die Mutter von Little Joe und King (Possum), sondern auch die Großmutter von Zantanon, Joe Moore, Ace of Diamonds, Dutch, Grano de Oro, Cotton Eyed Joe, Little King, Guinea Pig und Red Cloud. Sie war Urgroßmutter von King P-234 und von Stella Moore.

Della Moore

Einer der ganz großen Namen des Quarter Racings ist Pan Zarita, und gewiß gab es keine großartigere Stute als sie. Zu ihrer Zeit hatte sie nicht ihresgleichen auf den Tracks. Abe Frank, ein Vollblüter, war ihr Vater. Über ihre Mutter gibt es keine letzte Klarheit; sie soll aus der Caddie Griffith gewesen sein, eine Stute von Rancocas TB von Ontario von *Bonnie Scotland und aus der Boston Girl, einer Tochter von Sally Johnson von Blue Dick.

Pan Zarita, die 1910 geboren wurde, war ein Sorrel, gezogen von Jim Newman aus Sweetwater. Er gebrauchte Vollblüter mit „Early Speed", also mit Sprinterqualitäten, für seine guten Quarterstuten. In Juárez,

Mexico lief Pan Zarita 1915 die Fünfachtelmeile in 57,2 Sekunden, was sowohl Track- wie auch Weltrekord war. In Juárez lief sie viele ihrer besten Rennen, auch das berühmte Match Race gegen Joe Blair TB, den Vater von Joe Reed. Auf den Fairgrounds in New Orleans war sie so populär, daß man sie nach ihrem unerwarteten Tod dort innerhalb der Bahn begraben hat.

Della Moore war nicht nur eine der schnellsten Stuten ihrer Zeit, sondern zwei ihrer Söhne gründeten separate berühmte Quarter Horse-Familien: Joe Reed und Joe Moore.

Geboren Anfang unseres Jahrhunderts in Louisiana, lief Della ihr erstes Rennen

Shue Fly

Maddon's Bright Eyes war eine weitere erfolgreiche Rennstute, die auch in der Zucht große Bedeutung erlangte.

Oben in Rennkondition, unten im hohen Alter und tragend

schon als Saugfohlen (das sie auch gewann). Auch diese „Milk Races", wie sie genannt wurden, waren beliebt. Die Fohlen wurden an der Startlinie festgehalten, während die Mütter hinter die Ziellinie geführt wurden. Natürlich riefen die Fohlen nach ihren Müttern, die ihrerseits Antwort wieherten. Dann wurden die Fohlen losgelassen, die natürlich zu ihren Mamas flitzten, und welches zuerst die Ziellinie kreuzte, war der Gewinner...

Della Moores Mutter war Bell von Sam Rock, und ihr Vater war Dedier, oft auch (Old) D. J. genannt. Dellas Fohlen von Joe Blair war das Resultat einer vom Besitzer nicht gewollten Bedeckung: Joe Reed, einer der großen Quarter Horse Foundation Sires. 1922 kaufte Ott Adams Della Moore, der ihre Karriere als Rennpferd aufmerksam verfolgt und entschieden hatte, sie sei die Richtige, um ihm einen Nachfolger für seinen Hengst Little Joe zu bringen, der allmählich alt wurde. 1927 fohlte sie den Hengst, der Ott Adams in jeder Beziehung

befriedigte. Er nannte ihn nach den beiden Eltern „Joe Moore".

Joe Moore erwies sich in allen Belangen gleichwertig zu seinem Halbbruder Joe Reed. Kaum eine andere Stute hat zwei so unterschiedliche und dabei so außergewöhnliche Vererber produziert wie Della Moore.

Poco Lena in Action unter B. A. Skipper

Little Fanny, geboren 1937, war von Joe Reed und aus der Fanny Ashwell, einer Vollblutstute. Sie brachte von Joe Reed II, also von einem Sohn ihres Vaters, einen der größten Zeuger von Race und Cow Horses, besonders aber von top-vererbenden Mutterstuten: Leo. Little Fanny war außerdem die Mutter von Bell Reed, Ashwood, Tick Tack, Tucson, Little Sister W und Sassy Time.

Die Nachkommen von Babe Dawson (1925) machten nicht auf den Rennbahnen von sich reden, sondern als Cow Horses und Rodeo Horses. Babe Dawson war eine Tochter von Little Earl Jr. von Little Earl, und ihre Mutter war Queen von Little Earl. Little Earl wiederum war ein Sohn von Missouri Mike. Einige Fohlen von Babe Dawson waren Pet Dawson, Baldy, das berühmte Roping Horse, Pistol Dawson, Oklahoma Star Jr., Little Babe und Buckskin Dawson.

Ein echter Champion der Race Tracks, der alle Short Horse Fans begeisterte, war Shue Fly. Ihre Abstammung ist nicht gesichert,

sie gilt als eine Tochter von Cowboy und der Lady Luck von Booger Red. Cowboy war von Yellow Jacket von Little Rondo von Lock's Rondo, seine Mutter war Roan Lady, die auf Peter McCue zurückging.

Shue Fly war ein Kämpfer und gab nie ein Rennen verloren. Oft hatte sie einen schlechten Start oder ein anderes Mißgeschick wettzumachen und gewann das Rennen trotzdem. 1941 schlug sie Clabber, den regierenden World Champion, in Tucson in :22,6 über die Viertelmeile, was ein Rekord war. Erst 1946 wurde dieser Rekord von einer anderen großartigen Stute, Queenie, um ein Zehntel verbessert. Shue Fly lief die gleiche Rekordzeit wie 1941 im Jahr darauf, Clabber, Joe Tom und Nobody's Friend schlagend, obwohl sie, aus der Startbox schießend, auf die Vorderbeine gefallen war und gut sieben Längen bis zum letzten des Feldes aufzuholen hatte!

Shue Fly, die 1937 gefohlt worden war, wurde 1948 aus dem Sport und in die Zucht genommen. Leider hatten ihre Fohlen wenig Glück. Sie starben bei der Geburt oder

Doc O'Lena

Foto Bill McNabb

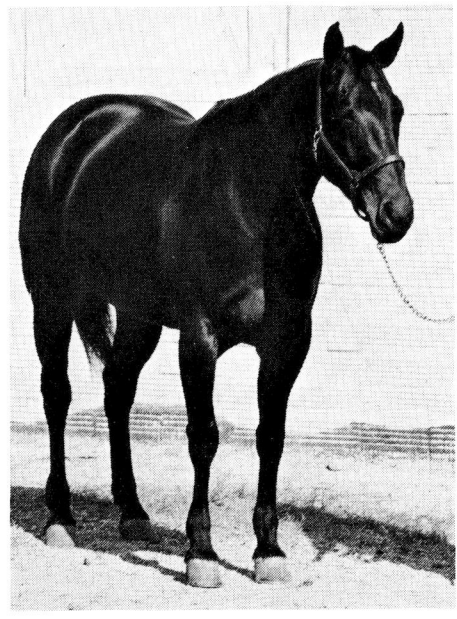

Poco Lena   *Foto Western Horsemann*

im Alter von wenigen Monaten, mit folgenden Ausnahmen: Littly Fly (von Little Joe the Wrangler), Watch Him Fly (von Aldeva TB), La Mosquita (von Little Request TB), Royal Charge (von Depth Charge TB) und Baby Shue Fly (von Johnny Dial).

Zum Abschluß dieses Kapitels, in dem nur eine Handvoll der bedeutendsten Stuten herausgegriffen wurde und zwangsläufig viele andere nicht berücksichtigt werden konnten, soll noch einmal eine Stute gewürdigt werden, die nicht im Racing Ruhm erlangte, sondern in dem Sport, der heute mehr denn je Quarter Horse-Enthusiasten fasziniert, höhere Gewinnsummen als je zuvor ausschüttet und der das Quarter Horse in seinem ureigensten Element zeigt, nämlich bei der Rinderarbeit, im Cutting.

Dry Doc

Foto Dalco

Poco Lena wurde von der National Cutting Horse Association das Hall of Fame Certificate No. 1 verliehen für ihre unvergleichlichen Erfolge in der Cutting Arena. Sie war in 395 NCHA Cutting-Turnieren plaziert, wurde fünfmal Reserve World Champion Cutting Horse, dreimal World Champion Cutting Horse Mare. Zehn Jahre lang war sie unter den Top Ten NCHA Cutting Horses! Sie hat mehr Rekorde aufgestellt in der Cutting Arena als jedes andere Pferd in der Geschichte des Cutting Sports.

Poco Lena, ein Bay, erblickte das Licht der Welt auf der bekannten Three D's Ranch von Paul Waggoner. Ihr Vater war Poco Bueno, ihre Mutter Sheilwin war von Pretty Boy. Nachdem Poco Lena als Dreijährige unter Pine Johnson die NCHA Junior und Open Cuttings der State Fair of Texas in Dallas gewonnen hatte, kaufte Don Dodge aus Sacramento die Stute. Don Dodge führte sie zu unzähligen Siegen und Erfolgen, u. a. zu zwei Reserve World Champion Titeln. 1959 wechselte Poco Lena in den Besitz von Barney Skipper über, unter dem sie weitere drei Reserve World Champion Titel errang, wie auch viele andere Titel.

Poco Lena hat in ihrem Leben die Rekordsumme von 99.782,13 Dollar an Preisgeldern gewonnen, ein Rekord, der 20 Jahre bestand! Wenn er auch von Mr. San Peppy gebrochen wurde, der als erstes Pferd über 100.000,– Dollar im Cutting gewann, wofür er sechs Jahre brauchte, so muß man berücksichtigen, daß diese Zahlen nicht ohne weiteres verglichen werden können. Die Gewinnsummen zu Poco Lenas Zeiten waren absolut bescheiden im Vergleich zu den heutigen. In einem einzigen Cutting kann ein Pferd heutzutage mehr gewinnen, als Poco Lena in zehn harten, aufreibenden Jahren.

Was heute im Cutting möglich ist, kann am Beispiel Joe Heims demonstriert werden, der 1983/84 die Triple Crown für Cutting Horses gewann, in dem er mit seinem Hengst Docs Okie Quixote nacheinander die NCHA Futurity, die Super Stakes Championship und das NCHA Derby und so innerhalb eines Jahres fast 600.000,– $ gewann!

Für die Zucht wurde Poco Lena, die von vielen Experten für das größte Cutting Horse aller Zeiten gehalten wird, durch ihre beiden Söhne Doc O'Lena und Dry Doc, beide von Doc Bar, von größter Bedeutung. Beide waren Gewinner der NCHA Futurity und stellen eine Klasse für sich dar. Dry Doc- und Doc O'Lena-Blut gehört heute zum begehrtesten in der Zucht von Cutting Horses.

XVII

Das Quarter Horse in Deutschland

hat seit Anfang der siebziger Jahre, als die ersten eingeführt wurden, einen rasanten Aufschwung in jeder Hinsicht erfahren. Der zahlenmäßige Zuwachs in den letzten Jahren war beachtlich, aber auch die Qualität der in Deutschland stehenden Quarter Horses ist eindeutig verbessert. Die Anerkennung, die diesem Pferd in unserem Land entgegengebracht wird, ist erfreulich gestiegen und nimmt ständig weiter zu, wie auch seine Beliebtheit bei Freizeit- und Turnierreitern. Gerade auch bezüglich der Shows und Westernreitturniere hat sich in den letzten Jahren enorm viel getan. Es werden immer mehr Turniere angeboten, und das reiterliche Niveau wurde, wie auch das der Halter-Pferde, entscheidend gehoben.

Deutschland war bis heute Vorreiter in Sachen Quarter Horse in Europa und im damit eng verbundenen Westernreiten. Obwohl die British Quarter Horse Association kaum älter ist als die Deutsche Quarter Horse Association – die BQHA wurde 1974 gegründet, die DQHA 1975 –, gibt es doch auf der britischen Insel schon wesentlich länger Quarter Horses. Die ersten kamen 1966 nach Großbritannien. Den-

noch blieben andere europäische Länder von dem, was sich in Großbritannien tat, ziemlich unberührt, wohingegen die Aktivitäten der DQHA von Beginn an ihre Auswirkungen in unseren Nachbarländern hatten, in denen auch bald einige Quarter Horse-Begeisterte Mitglieder der DQHA wurden, weil es im eigenen Land keinen entsprechenden Verband gab. In jüngster Zeit sind es vor allem die Italiener, die spektakulär in Quarter Horses investiert haben und auch eine tonangebende Rolle in Europa spielen. Bislang ist aber die DQHA der größte europäische Quarter Horse-Verband. 1985 waren 807 in Deutschland stehende Quarter Horses bei der AQHA registriert, gegenüber 678 in Italien, 124 in der Schweiz und 71 in Frankreich. Im selben Jahr fanden 4 AQHA-anerkannte Wettbewerbe in Deutschland statt, einer mehr als im nächstbesten Land Italien.

Der erste, der Quarter Horses hier einem breiten Publikum vorstellte, war Alan Jacob, ein Amerikaner, der Rodeos veranstaltete. Viele unserer Quarter Horse-Enthusiasten „infizierten" sich bei Alan, und nicht wenige erwarben ihr erstes Quarter Horse bei ihm. Alan Jacob war natürlich auch dabei, als im September 1975 im

Mainzer Hilton ein Meeting stattfand, zu dem über die amerikanische Botschaft eingeladen worden war auf Anregung von Ronald Blackwell und Tom Finley von der AQHA. Die beiden letzteren waren auf einer Europareise, zusammen mit Fred Lege vom amerikanischen Landwirtschaftsministerium, um neue Absatzmöglichkeiten für Quarter Horses auszuloten. Unter den Anwesenden waren auch Kurt Lissner, Günther Schleiermacher, Gottfried Zollmann, Ursula Bruns, Leonhard Kramarz und Dr. Ludwig Simon. Mit dem an diesem Tage beschlossenen Vorhaben, einen deutschen Verband für Quarter Horses zu gründen, begann die Western Horse- und Westernreit-Bewegung ihren Aufschwung, der Jahr für Jahr neue Impulse bekommen hat.

Am 22.11.1975 wurde in einer Generalversammlung in Erftstadt der erste Vorstand der Deutschen Quarter Horse Association gewählt. Bei dieser Versammlung ging es hoch her, und es zeichneten sich schon da einige der Probleme ab, mit denen die DQHA in ihren Anfangsjahren zu kämpfen haben würde und die überwiegend menschlicher Natur waren. Wen wundert's? Naturgemäß waren es Individualisten, die sich für ein so ausgefallenes Pferd begeisterten, und die sind nun einmal schlecht unter einen Hut zu bringen.

Der erste Vorstand der DQHA setzte sich wie folgt zusammen: Kurt Lissner (1. Vorsitzender), Günther Schleiermacher (dessen Stellvertreter), Otto Nockemann (Geschäftsführer), Jean-Claude Dysli, Horst Geier, Jürgen Schmid, Siegfried Eland. Einige engagierte Quarter Horse-Züchter und -Besitzer waren enttäuscht, um es gelinde auszudrücken, daß sie nicht in den Vorstand gewählt worden waren, und im

Nachhinein muß man sagen, daß sie auch hineingehört hätten. Das regelte sich aber im kommenden Jahr, da das Bundesgebiet in Regionalgruppen aufgeteilt worden war, in denen jeweils Repräsentanten gewählt wurden, die allein für den neu zu wählenden Vorstand in Frage kamen. In den Regionalgruppen/Bundesländern kannte man sich untereinander besser, so daß eine bessere Auswahl getroffen werden und zur Vorstandswahl entsandt werden konnte.

Dem ersten oben genannten Vorstand muß jedoch bescheinigt werden, sich im ersten Jahr mit viel Elan und Einsatz an die Arbeit gemacht und einiges bewegt zu haben. Ich durfte damals ein verbandseigenes Journal herausbringen, genannt „Okay Quarter Horse", das in Kurt Lissners Druckerei gedruckt wurde und ein wesentliches Element für den Zusammenhalt des jungen Verbandes darstellte. Wir waren alle bis unter die Haarspitzen motiviert, das Quarter Horse und mit ihm das Westernreiten in Deutschland populär zu machen, wenngleich wir uns mehr durch Überschwang der Begeisterung als durch zielstrebiges, planvolles und koordiniertes Arbeiten auszeichneten.

Ein Hauptanliegen schien uns damals zu sein, einen Weg zu finden, Quarter Horses kostengünstiger nach Deutschland zu bringen und zu Preisen anbieten zu können, die es einer breiten Schicht von Freizeitreitern zugänglich machen würde. Auf dem Gebiet wurden einige Anstrengungen unternommen, allerdings praktisch ohne Erfolg.

Inzwischen gibt es zwar aufgrund des größeren Angebotes häufiger einmal Gelegenheiten, ein Quarter Horse günstig zu erwerben, aber insgesamt sind die Preise trotz zahlreicher Nachzuchten in Deutschland nicht gefallen, sondern wenn sie sich bewegt haben, dann im Schnitt eher nach oben. Dafür sind verschiedene Faktoren verantwortlich. Zum einen sehen die meisten Züchter nicht ein, warum sie ihre Produkte wesentlich billiger verkaufen sollen, als gleichwertige importierte Quarter Horses. Zum anderen liegt die Decktaxe bei guten Quarterhengsten zwischen 1.000,- und 2.000,- DM, und wenn man so viel in ein Fohlen investieren muß, kann man es auch nicht für 3.000,- oder 4.000,- DM verkaufen und noch einen nennenswerten Gewinn dabei machen.

Warum aber sind die Decktaxen so hoch? Das hängt mit einer Entwicklung zusammen, die gerade gegenläufig derjenigen ist, daß die Pferde aufgrund der hiesigen Nachzuchten immer preiswerter werden müßten: das Show- und Westernreit-Turniergeschehen spielt eine immer bedeutender werdende Rolle in der Quarter Horse-Szene, und während die Nachzuchten aus dem Pferdematerial, das in den ersten Jahren nach Europa kam, absolut ausreichend gewesen wären, die Freizeit-, Feld-, Wald- und Wiesenreiter glücklich zu machen, fordert der Ehrgeiz Turnier-Ambitionierter – unter denen es mittlerweile eine ganze Reihe von Profis gibt – immer bessere Pferde. Und immer bessere und damit teurere Pferde wurden importiert.

Vor allem bei den Deckhengsten haben wir eine Situation, wo die Qualität und, bezüglich Abstammung und Training, die Spezialisierung der Pferde weit über die Bedürfnisse des Marktes als Ganzem hinausgehen. Züchter und Trainingsställe haben sich in ihrem Bestreben, den Wettbewerb in den Schatten zu stellen, zum Kauf von Hengsten hinreißen lassen, für die sie eben so hohe Decktaxen verlangen müssen, soll

einigermaßen Aussicht bestehen, daß sie sich je bezahlt machen können. Und viele kleine Züchter sind ehrgeizig genug, ihre Stuten von diesen teuren Hengsten belegen zu lassen.

Es wird also m. E. derzeit über die tatsächlichen Bedürfnisse des Marktes hinaus produziert, nicht quantitativ, sondern qualitativ, und das hat eben in weiten Kreisen zu einem höheren Preisniveau geführt. Ob diese fast hektisch zu nennende Entwicklung in der Spitze der Zucht mit ihrem Verteuerungseffekt eine ungesunde ist, bleibt abzuwarten. Jeder echte Quarter Horse-Freund begrüßt natürlich die Tatsache, daß in unserer Zucht bereits die berühmtesten auch unter den modernen amerikanischen Blutlinien vertreten sind.

Zurück aber zur DQHA, die noch manchen Sturm erleben sollte. Die ersten Generalversammlungen und Vorstandssitzungen waren meistens zum Davonlaufen –, und genau das war es auch, was einige taten. Was haben wir für lange Nächte durchdiskutiert! Ich erinnere mich an eine solche im Frankfurter Steigenberger Hotel, bei der Alan Jacob sich irgendwann nach Mitternacht lang auf dem Teppich des Konferenzraumes ausstreckte, den Hut über's Gesicht schob und darum bat, eine halbe Stunde nicht gestört zu werden... Man kam grundsätzlich erst am anderen Morgen wieder heim.

Trotz aller Guerillakämpfe innerhalb der DQHA, trotz unschöner und peinlicher Vorkommnisse, trotz gegründeter alternativer Vereinigungen hat die AQHA diesen von ihr ins Leben gerufenen deutschen Sproß nie fallen lassen, wohl sich an die eigenen bewegten Anfangsjahre erinnernd, mit teilweise ebenfalls erbitterten Auseinandersetzungen.

Seit 1980 ist die DQHA eingetragener Verein. Sie hat heute rund 1000 Mitglieder in allen Teilen Westdeutschlands und Berlins und auch solche im benachbarten Ausland. Aufgeteilt ist sie in 6 Regionalgruppen, von denen Bayern, durch zahlreiche Mitglieder aus der Schweiz, die größte ist. Schleswig-Holstein, Hamburg, Bremen, Niedersachsen und Berlin sind in eine Regionalgruppe zusammengefaßt, was auch für das Saarland und Rheinland-Pfalz gilt. Nordrhein-Westfalen, Hessen und Baden-Württemberg haben eigenständige Regionalgruppen.

Die DQHA ist ihren Mitgliedern bei der Eintragung der Pferde bei der AQHA in Amarillo, Texas und bei Transfers behilflich, steht in allen Fragen rund ums Quarter Horse zur Verfügung, veranstaltet jährlich mehrere AQHA-approved Turniere, zu denen Richter aus Amerika eingeflogen werden, und fördert die Zucht und Verbreitung dieser Pferde durch eine Reihe von Maßnahmen und Aktivitäten. Sie hat mehrfach erwogen zu versuchen, die Anerkennung als eigenständiger offizieller Zuchtverband in Deutschland zu erreichen und macht dazu neuerlich wieder einen Vorstoß. Sicher wäre das auf Dauer die beste Lösung, da die etablierten Zuchtverbände mit diesen Pferden nichts rechtes anzufangen wissen, sie meistens nur halbherzig betreuen und oft sogar ausgesprochene Arroganz an den Tag legen. In diesem Zusammenhang wäre eine rassespezifische Hengstleistungsprüfung als wünschenswert zu erwähnen.

Bis heute absolvieren Quarter Horse-Hengste wie andere Western Horse-Hengste die Leistungsprüfung für Kleinpferdehengste, die aus 750 m Trab, 1.500 m Galopp und 300 m Schritt besteht, jeweils innerhalb eines Zeitlimits von 3 Minuten geritten. Obwohl Quarterhengsten diese Anforderungen keine Mühe machen, ist eine solche Prüfung nicht ideal. Rassespezifisch wäre es, diese Hengste die klassische Viertelmeile laufen zu lassen, von der sie ihren Namen haben! Dazu könnte ein Zeitlimit festgesetzt werden. Auch eine Differenzierung, daß z. B. Dreijährige 330 oder 400 Yards laufen und ältere Hengste die volle Viertelmeile zu bewältigen haben, wäre denkbar. Jedenfalls aber ist die Sprintfähigkeit von jeher das typische Rassemerkmal gewesen und sollte daher auch Bestandteil einer Leistungsprüfung sein.

Die Trabstrecke sollte durch etwas anderes ersetzt werden. Ein „Jog", ein langsamer, bequem zu sitzender Arbeitstrab ist es im allgemeinen, was bezüglich der Trableistung von diesen Pferden verlangt wird. Weichheit und Bequemlichkeit des Trabes sind aber nicht objektiv bewertbar bzw. meßbar, wie es für eine Leistungsprüfung Voraussetzung ist. Eine Zugleistung vom Sattel (-horn) aus wäre aber eine exakt meßbare Prüfung. Ein Gewicht, das einem bestimmten Prozentsatz des Körpergewichtes des Hengstes entspricht, sollte über eine festgesetzte Strecke und ggf. innerhalb eines Zeitlimits gezogen werden. Die Fähigkeit, unter dem Sattel schwere Arbeit zu tun und erhebliches Gewicht am Ende des Ropes zu halten und zu bewegen, ist nicht nur schon immer Merkmal des Quarter Horses gewesen, sondern eine solche Prüfung stellt außer dem Vorhandensein entsprechender Kraft auch gewisse wünschenswerte Charaktereigenschaften unter Beweis. Jedenfalls wäre sie ein Ausgleich gegenüber der Ausrichtung auf zu sehr rennmäßig gezogene Pferde.

Die Schrittstrecke schließlich sollte meines Erachtens beibehalten werden, da ein guter, raumgreifender Schritt auch für ein Quarter Horse wichtig ist.

Die DQHA wird von der AQHA tatkräftig unterstützt. Z. B. trägt die AQHA die nicht unerheblichen Kosten für ein bis zwei AQHA-Richter, die für DQHA-Shows aus Amerika herüberkommen. Sie stellt Werbematerial zur Verfügung und hat sogar den vierfarbigen Reference Guide für die DQHA mit deutschem Text drucken lassen. Außerdem stellt sie der DQHA jährlich einen Betrag für Werbeaufwendungen zur Verfügung.

Eine Einrichtung der DQHA nach amerikanischem Muster, die in den vergangenen Jahren mit gutem Erfolg gelaufen ist und seitens der Züchter Zuspruch gefunden hat, ist die sogenannte Stallion Service Auction. Hierzu stellen Hengsthalter der DQHA einen Freisprung ihres Hengstes zur Verfügung, den diese dann auf der Stallion Service Auction meistbietend versteigert. Der Erlös dieser Auction oder Versteigerung wird, nach Abzug der Kosten und einer Provision für die DQHA, den Preisgeldern der nächsten Fohlen-Futurity zugeschlagen. Die Fohlen-Futurities sind Halter-Schauen für Absatzfohlen. Die DQHA bringt einen Stallion Service Auction-Katalog heraus, in dem alle Hengste, von denen ein Sprung zur Verfügung gestellt wurde, mit Bild, Abstammung und Erfolgen – oder denen von Vorfahren des Hengstes – vorgestellt werden. Darüberhinaus findet das Ganze seinen Niederschlag auch im Magazin Western Horse. So wird für die partizipierenden Hengste intensiv geworben, und die Besitzer der Hengste können auch ein Fohlen ihrer Wahl von ihrem Hengst kostenlos in der Fohlen-Futurity starten. Auch das Fohlen, das aus dem Freisprung resultiert, ist berechtigt, ohne Nenngeld an der Fohlen-Futurity teilzunehmen. Vorteile also für alle, den Hengstbesitzer, den Stutenbesitzer (der u. U. den Sprung eines guten Hengstes unter der normalen Decktaxe ersteigern kann) und den Fohlenbesitzer. Und letztlich kommt alles auch der DQHA und der Rasse insgesamt zugute.

Nach wenigen Jahren der „Dürre", der Zerstrittenheit und der nachfolgenden Resignation hat die DQHA in den letzten Jahren sehr an Schwung, Initiative und Perspektive gewonnen, aber auch an Niveau, sowohl was die Klasse der Pferde, als auch was die reiterlichen Darbietungen angeht.

Die Zucht in Deutschland

ist dem Stadium des bloßen Vermehrens entwachsen und deshalb mittlerweile mit Recht als solche zu bezeichnen. Eine Reihe guter Hengste steht zur Verfügung, dem Züchter eine gezielte Anpaarung ermöglichend, ob er nun zum Halter-, Pleasure- oder Reining-Pferd tendiert oder Cow Horses züchten will. Eine ganze Anzahl mäßiger Hengste steht ihm ebenfalls zur Verfügung, womit ein Problem unserer Quarter Horse-Zucht angesprochen ist: es gibt zu viele Hengste. Der Satz kann so schon stehen bleiben, man kann aber auch sagen: es gibt zu viele Hengste, die eigentlich keine Berechtigung haben, Zuchthengst zu sein. Es ist symptomatisch für die Quarter Horse-Leute, daß kaum einer es fertigbringt, sein Hengstfohlen kastrieren zu lassen. Da es in den USA keinen Körzwang gibt und seitens der AQHA jeder eingetragene Hengst deckberechtigt ist, könnten hier nur die Landeszuchtverbände, bei denen Quarterhengste hierzulande immer noch gekört werden, Abhilfe schaffen, indem sie schärfer selektieren, als sie

Bull's Billy Van im Alter von 19 Jahren

das bislang getan haben. Dazu fehlt ihnen aber das rassespezifische Fachwissen, und um sich das anzueignen, fehlt ihnen das Interesse an dieser Rasse. Interesse wäre schon sehr wertvoll, aber genaugenommen müßten die Verantwortlichen mehr mitbringen, um sich in die Materie Quarter Horse so einzuarbeiten, wie sie seit Jahrzehnten mit den von ihnen betreuten Warmblut- und Kleinpferdrassen vertraut sind!

Natürlich werden Quarter Horses in punkto Korrektheit der Gliedmaßen etc. nicht anders bewertet, als Warmblüter oder andere Pferde, und in dieser Hinsicht kön-

nen die Quarter Horse-Züchter hier noch viel von unseren Warmblutexperten lernen. Aber wie ein Quarter Horse gebaut sein muß, um Cow Work oder Reiningaufgaben optimal ausführen zu können, kann nur jemand beurteilen, der möglichst selbst so etwas gemacht hat und/oder viele, viele Male über Jahre hinweg mit Hingabe und Begeisterung beobachtet und studiert hat. Darüberhinaus ist eine Kenntnis der herausragenden Blutlinien unabdinglich. Ein Sohn von z. B. Mr. Gunsmoke, Sonny Dee Bar, Doc O'Lena oder Zan Parr Bar mit geringfügigem Stellungsfehler ist für unsere Zucht ungleich wertvoller, als ein völlig korrekter Hengst, dessen Eltern und Großeltern Nobodies sind.

King Hank Jr.

In diesem Sinne ist es wünschenswert, daß die DQHA möglichst die bereits angesprochene Anerkennung als Zuchtverband erreicht und entscheidenden Einfluß auf die An- und Abkörung von Quarterhengsten nehmen kann.

Wie bereits erwähnt, war es Alan Jacobs Rodeo, mit dem erstmalig Quarter Horses der Öffentlichkeit vorgestellt wurden. Alan hatte auch einen Hengst importiert, Bull's Billy Van # 518785, der wohl der erste in Deutschland und, abgesehen von Großbritannien, der erste in Europa war. Spanien, wo die King Ranch auf ihren Ländereien lange Zeit eine Herde Quarter Horses laufen hatte, mag ebenfalls eher einen Quarterhengst gehabt haben. Im Gegensatz zu

Großbritannien und Spanien, deren Pferde praktisch keinen Einfluß auf Zuchten außerhalb dieser Staaten hatten, kann Bull's Billy Van als Foundation Sire des europäischen Festlandes gelten. Er ist ein Roan von 1,53 m Stock und führt das Blut von Cotton Eyed Joe, Joe Reed und Peppy. Sein erfolgreichster Sohn auf Turnieren ist Stars Brick von den Jomm-Ranches, der von Michael Marquart trainiert und geshowt wird.

Nach Bull's Billy Van dürfte King Hank Jr. # 659581 der nächste Quarterhengst gewesen sein. Auch von ihm gibt es eine Menge Nachzucht in Deutschland und dem benachbarten Ausland. Dieser Hengst war von Günther Schleiermacher importiert worden, einem der ersten, wenn nicht dem ersten deutschen Quarter Horse-Züchter. King Hank Jr. war ein Fuchs und väter- wie mütterlicherseits King-gezogen. Sein Vater Hired Hank ging mütterlicherseits auf Hired Hand von der King Ranch zurück.

Weitere frühe Quarter Horse-Hengste in unserem Land waren die von Gottfried Zollmann importierten Hengste Silver Cash Copy und Tiger Spark. Ein Sohn von Tiger Spark, Peppys Tiger Sam, der von Bärbel Harlos gezogen und von Dr. Jochen Risse trainiert und geshowt worden war, erlangte als erstes Quarter Horse in Deutschland – vielleicht gar in Europa – ein Register of Merit.

Kurz nach der Gründung der DQHA verkaufte Günther Schleiermacher King Hank Jr. und importierte den Hengst, der in den Augen vieler für Jahre den Maßstab setzte, der in der Zucht stark frequentiert wurde und unter verschiedenen Reitern auch auf Turnieren mit großem Erfolg vorgestellt wurde: „Joe" Buckskin Dear. Nicht wenige sahen in ihm das Quarter Horse schlecht-

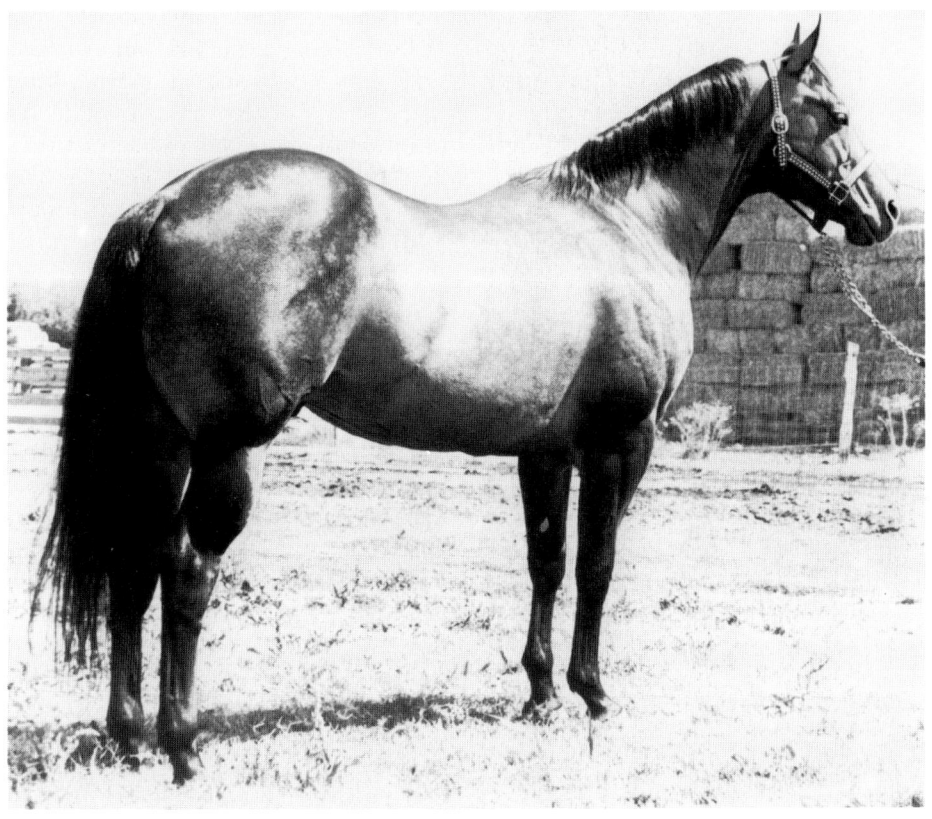

Bueno Chex, World Champion und Zeuger von Champion Cow und Reining Horses

hin verkörpert. Auch heute noch hat „Joe" viele Freunde, und er ist ein Pferd das, wo immer es auftritt, die Aufmerksamkeit auf sich zieht. Abstammungsmäßig ist er von gediegenem, altem Quarter Horse-Blut. Sein Pedigree weist weiter vorn keine großen Namen auf, ist unbeeinflußt von modernen Vererbern. Der Vollblutanteil in seiner Abstammung ist so gering, wie dies bei einem Quarter Horse überhaupt möglich ist. Weiter zurückliegend finden wir eine starke Vertretung von Peter McCue-Nachkommen.

Mit dem Import von Doc Chex durch Kay Wienrich und Horst Geier von der Flachsberg Ranch wurde eine neue Ära in der deutschen Quarter Horse-Zucht eingeleitet. Erstmals kam mit ihm ein modern gezogener Hengst mit ausgesprochenem „Fancy Breeding", mit brandaktuellem Pedigree, nach Deutschland. Erstmals auch ein Hengst, der aufgrund seiner Abstammung ein prädestiniertes Reining Horse und auch Cow Horse ist. Seit Doc Chex ist die deutsche Quarter Horse-Zucht sehr viel mehr blutlinienbewußt geworden. Weitere

Desperado Malbec

MBJ Charlie Larson

Hengste mit Top-Halter- und Performance-Abstammung wurden importiert, und auch die kleinen Züchter wollen nicht länger von einem nur gutaussehenden Hengst decken lassen, sondern ein aktuelles Pedigree ist ein zunehmend an Bedeutung gewinnender Faktor.

Als Doc Chex von Kay Wienrich unter dem Sattel zu dem gemacht worden war, wozu er aufgrund seiner Abstammung bestimmt war, bekam auch das Turniergeschehen hierzulande eine neue Dimension: Working Cowhorse- und Cutting-Wettbewerbe erfreuen sich ständig wachsender Beliebtheit – trotz erheblicher Schwierigkeiten,

welche hier beim Training und bei der Veranstaltung zu überwinden sind –, und die Reaktion darauf wiederum ist, daß eine Anzahl von Züchtern nun speziell die Erzeugung von guten Cow Horses ins Visier genommen hat.

Doc Chex ist von Doc Tom Tucker, einem der vielen guten Söhne Doc Bars, der zugleich typisch für das Doc Bar-gezogene Cow Horse ist: Vater Doc Bar, Mutter Poco Bueno/King-Abstammung. Doc Tom Tuckers Mutter ist Tonette Tivio, Tochter von Poco Tivio, einem der besten Söhne Poco Buenos. In seiner Erscheinung ist Doc Tom Tucker ein „echter Poco Bueno" – relativ klein und kompakt, braun, stark bemuskelt. Dazu kommt die Agilität, Sensibilität und ein gewisses Refinement von Doc Bar. Das trifft weitgehend auch auf Doc Chex zu, dessen Mutter Frandee Chex eine direkte Tochter des großen Bueno

Chex ist. World Champion Bueno Chex war ein Sohn von King Fritz, dem Begründer der Chex-Dynastie, der doppelt Kinggezogen war.

Wie schon erwähnt, löste der Import von Doc Chex eine Welle weiterer Importe von Hengsten mit hochaktueller Abstammung aus. Die Jomm-Ranches kauften Jae Bar Fox, einen Sohn des erfolgreichen Cutting Horses Doc's Jack Sprat, der mütterlicherseits ein Großsohn von Two Eyed Jack ist. Auch Doc's Jack Sprat ist aus einer Stute mit Poco Tivio-Abstammung.

Andere importierte Hengste, die Einfluß auf unsere Zucht genommen haben, sind Ole Man Luck, ein direkter Sohn von The Ole Man von Three Bars, im Besitz der American Horse Farms; Taps A Bar von Horst und Torsten Köhn, ebenfalls Three Bars-Abstammung und Royal Tee Too von der Riedsee Ranch. Ein Hengst im Besitz des Schweizers H. P. Reiss hat ebenfalls Einfluß auf die deutsche Zucht genommen, Heza Quincy Dan.

Doch nicht nur importierte Hengste konnten sich in Deutschland bewähren, sondern auch hier nachgezogene. Nach wie vor spielen aber Importhengste die größte Rolle. Es wurde eine ganze Reihe hochkarätig gezogener Hengste eingeführt, die oftmals in Amerika schon einiges geleistet hatten.

Da sind zu nennen MBJ Charlie Larson (ein Sohn von Mr Impressive), Desperado Malbec (von Doc's Malbec von Doc Bar), Special Trick (von Son of Tailwind, mütterlicherseits auf Coy's Bonanza zurückgehend), Frost San und Leo San Frost (Vollbrüder von Doc's Jack Frost), Hesa Sugar Chex, Cutter Isle (Peppy San- und Cutter Bill-gezogen), Docowarlee (Doc O'Lena- und War Leo-gezogen), Doc's Sugar Bar, Hollywood Cody Jac (Hollywood Jac 86 x Joe Cody-Tochter), Mr Landers (von Sonny Dee Bar), Speedy Chex (von King Fritz), Boots Lynx (von Doc's Lync), Demand Deposit, Machos Alibi, Mitos Hustler, Taco Lena (von Doc O'Lena) und viele andere.

Viel „Cow" in vielen dieser Hengste, aber auch hervorragende Halter- und Pleasure-Blutlinien. Den Züchtern in Deutschland bleibt tatsächlich die Qual der Wahl nicht erspart.

Erwähnt werden muß dazu auch, daß gerade in letzter Zeit sehr gutes Stutenmaterial importiert wurde mit z. T. ausgezeichneten Abstammungen. Es ist gut, zu sehen, daß es Züchter gibt, die über den „Hengstsegen" nicht aus den Augen verlieren, daß es, wie auch der alte Hank Wiescamp immer sagt, „gute Mamas braucht, um gute Pferde zu züchten".

Das Quarter Horse hat einen langen Weg hinter sich, vom Arbeitspferd und Gelegenheitssprinter bis zum heutigen Show-, Renn- und Turnierpferd. In der Vorstellung der meisten seiner Anhänger wird es wohl immer vor allem in seiner Rolle als Cow Pony, als Cowboypferd verhaftet bleiben. Es dominiert heute die Pferdeszene in Amerika und hat Freunde überall in der freien Welt. Es hat andere amerikanische Rassen maßgeblich beeinflußt, wie den Morgan, das amerikanische Vollblut, den Appaloosa und das Paint Horse, das lediglich eine Farbvariante des Quarter Horses darstellt. In Mittel- und Südamerika sind Quarter Horses zur Aufartung bodenständiger Zuchten eingesetzt worden. In Europa ist das Quarter Horse Schrittmacher der gesamten Western Horse- und Westernreitbewegung, deren Aufschwung unaufhaltsam scheint –, eine Rolle, die ihm rechtmäßig zukommt. Was mag die Zukunft noch für dieses Pferd bereithalten?

Hoffen wir und setzen wir uns dafür ein, daß es vor allem so bleiben kann, wie wir es kennen und schätzen gelernt haben, daß es bleiben kann, was es ist – *the greatest little cow horse on earth*, das großartigste Cow Horse und All-round-Pferd der Welt!

Von Hardy Oelke
21 x 29,7 cm, 164 Seiten,
über 250 Abbildungen, geb.
DM 49,80

Das Standardwerk für die systematische Ausbildung.

Inhalt:
- Westernreiten kontra Englisch-Reiten?
- Wie lerne Ich Westernreiten?
- Die Western Horse-Rassen
- Auswahl eines geeigneten Pferdes
- Equipment
- Pferdehaltung, Arbeit mit jungen Pferden
- Breaking
- Ausbinden, Longieren, Fahren vom Boden
- Westerndressur, gestern und heute
- Gewöhnen ans Reitergewicht
- Vertikale, laterale und diagonale Kontrolle
- Schulterkontrolle, Schenkelhilfen, Hinterhandkontrolle
- Schooling
- Einiges Grundsätzliches zur Reitweise und Hilfengebung, Dressur und Reiten
- Spezielles Training für die einzelnen Reining-Elemente
  Back Up / der Stop / Zirkel / Flying Lead Changes / der Spin oder Turn-Around / Roll Backs; Pivots
- Hackamore Training
- Neck Reining
- Umstellung anders gerittener Pferde auf die Western-Reitweise
- Ground Tying
- Zum Abschluß noch einmal Generelles
- Stichwortverzeichnis

Übersetzt v. Hardy Oelke
Großformat 21 x 29,7 cm,
ca. 160 Seiten m. zahlr. Abbildungen, fester Einband
m. farb. Schutzumschlag,
DM 49,80

Das Buch des Trainers, Richters und Lehrers R. Shrake zeigt Schritt für Schritt, welche Voraussetzungen erfolgreiches Westernreiten erfordert.

Die Lektionen beginnen bei der Auswahl des Pferdes und der Ausrüstung, behandeln Sättel, Zaumzeug, korrekten Sitz, Gebrauch der Füße, Beine, Arme, Hände etc.

Besonders für angehende Turnierreiter und engagierte Westernreiter ist dies das ideale Buch, die sachkundige und fundierte Einführung in das Westernreiten überhaupt.

Reining, the art of performance in horses

Von Bob Loomis, übersetzt von Hardy Oelke

1990, Großformat 21 x 28 cm, ca. 240 Seiten mit farbigen Abbildungen, gebunden ca. DM 68,-

Jack Brainard ist einer der "ganz großen" in der Quarter Horse- und Reining-"Industrie". Jack blickt auf über 50 Jahre als Profi-Reiter, Züchter und Trainer zurück. Er ist in seinen Erkenntnissen niemals stehen geblieben sondern hat sie bis zum heutigen Tage weiter entwickelt. Viele bekannte Trainer sind bei ihm "in die Lehre" gegangen, z.B. Kim Dierks.

Es entstand ein wirklich großes Buch, das sicher noch viele Auflagen als eines der Standardwerke für Westernreiten erfahren wird. Sichern Sie sich dieses Buch, Sie haben bestimmt Ihre Freude an Jack's "Western Training".

Von Leon Harrel, übersetzt von Hardy Oelke
Großformat 21 x 29,7 cm, ca. 160 Seiten ,. zahlr. Abb., geb. ca. DM 49,80

Leider konnten wir das Buch von Leon Harrel nicht so schnell wie geplant veröffentlichen.
Doch zum Herbst 1990 wird es nun erscheinen. Das Warten hat sich gelohnt: Der NCHA-Futurity-Winner **Leon Harrel** schreibt das Lehrbuch für Cutting.

Kierdorf Verlag ● Gut Dohrgaul ● 5272 Wipperfürth